Librairie et Papeterie classiques

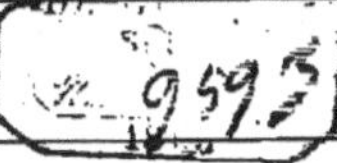

NOUVEL
ATLAS CLASSIQUE

PHYSIQUE, POLITIQUE, HISTORIQUE ET COMMERCIAL

DIVISÉ EN TROIS PARTIES

CONFORME AU PROGRAMME DU BACCALAURÉAT ÈS LETTRES ET ÈS SCIENCES, A L'USAGE DES CLASSES DE GRAMMAIRE ET SERVANT DE COMPLÉMENT A L'ENSEIGNEMENT PRIMAIRE

PREMIÈRE PARTIE

RENFERMANT 22 CARTES COLORIÉES ÉCRITES ET MUETTES, ET EN REGARD DE CHACUNE D'ELLES TOUT CE QUI DOIT ÊTRE APPRIS ET RETENU PAR LES ÉLÈVES. CES CARTES SONT : MAPPEMONDE AVEC LES ÉPOQUES DES DÉCOUVERTES DES PRINCIPALES RÉGIONS, EUROPE POLITIQUE ET COMMERCIALE, ASIE, AFRIQUE, LES DEUX AMÉRIQUES, OCÉANIE, FRANCE POLITIQUE ET COMMERCIALE, FRANCE HISTORIQUE DEPUIS TOLBIAC JUSQU'A MARENGO, EUROPE HISTORIQUE JUSQU'A LA VICTOIRE DE SOLFÉRINO, ET PALESTINE, POUR LA LECTURE DE L'ÉVANGILE, ET CARTE GÉNÉRALE POUR LA LECTURE DE L'HISTOIRE SAINTE.

On ajoute, au choix, la carte d'un département avec deux départements limitrophes avec texte en regard et la carte muette au verso.

PAR L. VAT

TROISIÈME ÉDITION

PARIS
A. ALEXANDRE, LIBRAIRE
MAISON GEDALGE JEUNE, 9, RUE MALHER

Appartient à l'Élève

G.

©

685

NOUVEL
ATLAS CLASSIQUE

PHYSIQUE, POLITIQUE, HISTORIQUE ET COMMERCIAL

DIVISÉ EN TROIS PARTIES

CONFORME AU PROGRAMME DU BACCALAURÉAT ÈS LETTRES ET ÈS SCIENCES, A L'USAGE DES CLASSES DE GRAMMAIRE ET SERVANT DE COMPLÉMENT A L'ENSEIGNEMENT PRIMAIRE

PREMIÈRE PARTIE

RENFERMANT 22 CARTES COLORIÉES ÉCRITES ET MUETTES, ET EN REGARD DE CHACUNE D'ELLES TOUT CE QUI DOIT ÊTRE APPRIS ET RETENU PAR LES ÉLÈVES

Troisième Édition.

PAR L. VAT

AUTEUR DE L'ATLAS DES COMMENÇANTS DONT LE PRÉSENT OUVRAGE FAIT LA SUITE NÉCESSAIRE

LES TITRES PLACÉS APRÈS LES NUMÉROS D'ORDRE ET ÉCRITS EN CARACTÈRES DIFFÉRENTS TIENNENT LIEU DE QUESTIONNAIRE

PARIS

A. ALEXANDRE, LIBRAIRE

MAISON GEDALGE JEUNE, 9, RUE MALHER

1863

PARIS. — IMPRIMERIE ÉDOUARD BLOT, RUE SAINT-LOUIS, 46.

PRÉFACE

Un axiome a inspiré toutes les œuvres de Lhomond : c'est que tout livre destiné à la jeunesse doit être COMPRIS, APPRIS et RETENU. Disciple de ce sage et simple maître, nous croyons avoir rendu notre langage si clair que les plus jeunes élèves pussent nous *comprendre;* notre ordre si méthodique qu'ils pussent sans peine nous *apprendre;* et notre concision et notre sobriété si sévères que des écoliers qui ne peuvent donner à leurs classes que deux ou trois ans trouvassent le moyen de nous revoir plusieurs fois, c'est-à-dire de nous *retenir*.

Convaincu par l'expérience que l'étude de la géographie, si utile de nos jours, ne produit aucun résultat si l'atlas n'est pas constamment sous les yeux de l'élève, nous avons disposé notre texte de manière que les cartes qui en sont la représentation pussent toujours être sous les yeux de l'élève. Une carte muette couvre ensuite la leçon apprise par cette méthode, et sert encore avec beaucoup de fruit pour la récitation.

La nomenclature géographique est disposée dans un ordre si naturel, que tout ce qui en fait l'objet se trouve très-facilement sur la carte.

En effet, s'agissait-il pour nous de décrire les Etats, les villes qui s'y rencontrent, nous avons suivi l'ordre de l'écriture, c'est-à-dire de haut en bas, et, s'ils sont sur la même latitude, de gauche à droite.

L'énumération des départements de la France diffère seule de cette méthode : ils sont classés par bassins. Nous partons de la source du fleuve principal, dont nous suivons le cours jusqu'au premier affluent, à la source duquel nous remontons, pour continuer ensuite la pente du bassin jusqu'à l'embouchure du fleuve principal.

Si nous énumérons les limites, les détroits, les golfes, les mers, etc., nous partons du haut de la carte, et, toujours comme pour l'écriture, nous suivons la direction de la plume lorsqu'elle trace un O. Quoi de plus facile alors, si l'élève possède bien sa leçon, que de montrer, ou, au besoin, d'écrire sur une carte muette ce qu'il a étudié d'abord sur la carte écrite !

Dans cette nouvelle édition, la partie physique a été l'objet d'une révision complète; elle répond maintenant aux cours suivis dans les lycées.

Les productions animales, végétales et minérales qui se trouvent mentionnées sur nos cartes, sont disposées dans l'ordre alphabétique; tous les moyens ont enfin été employés pour aider la mémoire à retenir des mots qui par eux-mêmes n'ont rien d'attrayant.

Par une innovation que nous croyons heureuse, nous avons, sur nos cartes, indiqué la distance des principaux établissements commerciaux du globe aux ports les plus importants de la France, et, d'après la marche moyenne des paquebots à vapeur, le temps nécessaire pour franchir l'espace qui les sépare.

Les cartes historiques de l'Europe et de la France sont accompagnées de listes très-complètes de toutes les batailles et de tous les traités de notre histoire, listes que tout élève, en quittant les classes, doit savoir par cœur, et dont il peut se servir comme de jalons pour échelonner les connaissances historiques qu'il a acquises. Elles peuvent servir de memento pour les jeunes gens qui aspirent au titre de bachelier.

Les deux premières parties qui sont livrées au public renferment 44 cartes; la troisième, qui en contiendra 30, est destinée à la connaissance de la géographie ancienne et de la géographie du moyen âge.

Un atlas, dit *des Commençants*, destiné aux plus jeunes élèves sert d'introduction à notre atlas classique.

Des cartes muettes et tirées à part sur papier fort se trouvent à la même librairie, au même prix que le papier, et peuvent servir d'exercices de géographie, de mémoire, et de dessin pour la lettre et le lavis; elles sont particulièrement établies pour éviter le calque. Toutes nos cartes y peuvent être entièrement copiées, et il n'y reste alors aucune trace de la gravure.

COURS COMPLET DE GÉOGRAPHIE

PREMIÈRE PARTIE

NOTIONS GÉNÉRALES

1 **La Géographie** est la description de la terre.

2 La **Terre** a la forme d'un globe ou d'une orange; elle est un peu aplatie vers deux endroits opposés qu'on appelle les deux **Pôles**. Les deux tiers à peu près de la surface de la terre sont occupés par la mer.

DÉNOMINATION DES EAUX

3 On donne le nom de **Mer** ou d'**Océan** à l'immense étendue d'eau salée qui couvre la portion la plus considérable de notre globe.

4 On appelle **Détroit**, et, dans certains cas, **Canal**, **Pas** ou **Pertuis**, une partie de mer, resserrée entre deux terres, qui fait communiquer ensemble deux mers ou deux portions de mer.

5 Un **Golfe** ou une **Baie** est une portion de mer qui s'enfonce dans les terres.

6 Un **Port** est une petite baie qui se trouve disposée, soit naturellement, soit à l'aide du travail des hommes, pour offrir un abri sûr aux vaisseaux.

7 Une **Rade** est un port, que la nature a formé à l'abri des vents, où les vaisseaux peuvent jeter l'ancre, c'est-à-dire s'arrêter sans danger.

8 On appelle **Bancs** ou **Bas-fonds** certains endroits où le lit de la mer, c'est-à-dire le fond de la mer, s'approche de la surface.

9 Les **Ecueils** ou **Brisants** sont des rochers à fleur d'eau.

10 On nomme **Sources** les eaux qui sortent du pied des montagnes ou même du milieu des plaines. Ces sources forment des **Ruisseaux**.

11 Une **Rivière** est un cours d'eau formé par la réunion de plusieurs ruisseaux.

* *La pagination marquée d'une astérisque doit servir pour les deux ou les trois parties de l'atlas réunies.*

12 Un **Affluent** est un cours d'eau qui se jette dans un autre cours d'eau plus important.

13 Un **Confluent** est l'endroit où deux rivières se réunissent.

14 Un **Fleuve** est un grand cours d'eau qui se rend directement à la mer.

15 L'**Embouchure** d'un fleuve est l'endroit où ce fleuve entre dans la mer.

16 Un **Canal** est une sorte de rivière creusée par les hommes pour faire communiquer deux courants d'eau qui, le plus souvent, appartiennent à divers bassins.

17 La **Rive droite** d'une rivière est le bord qui se trouve à la droite d'une personne qui descend le cours de cette rivière. Le côté opposé s'appelle la **Rive gauche.**

18 Le **Bassin** d'un fleuve est tout l'espace dont les eaux viennent se rendre dans ce fleuve.

19 On donne le nom de **Lac** à une étendue d'eau qui se trouve au milieu des terres. Quand un lac est très-petit, on l'appelle **Etang**.

20 Un **Marais** est un étang dont les eaux sont assez basses pour permettre à certaines plantes de s'élever au-dessus de la surface.

21 On appelle **Lagune** une espèce de lac placé près de la mer, avec laquelle il communique par un passage étroit.

DÉNOMINATION DES TERRES

22 On nomme **Continents** les deux terres les plus grandes que l'on remarque sur la surface du globe. Le plus grand des deux continents se nomme l'**Ancien Continent** : il comprend l'Europe, l'Asie et l'Afrique. Le moins considérable, qui a été découvert par Christophe Colomb en 1492, s'appelle le **Nouveau Continent** : il comprend les deux Amériques.

23 Une **Ile** est une portion de terre entourée d'eau de tous côtés.

24 On nomme **Archipel** la réunion de plusieurs îles.

25 Une **Presqu'île** ou **Péninsule** est une terre presque entièrement entourée d'eau, et qui tient au continent par une langue de terre.

26 On appelle **Isthme** la langue de terre qui joint une presqu'île au continent.

27 Une **Oasis** est un espace de terre qui, dans les déserts de l'Asie ou de l'Afrique, offre de la végétation.

28 Un **Cap** ou **Promontoire** est l'extrémité d'une côte ou d'une montagne qui s'avance dans la mer.

29 On appelle **Montagne** une masse considérable de terre qui s'élève sur la surface du globe.

30 On nomme **Chaînes de montagnes** celles qui se prolongent à une grande distance. Les **Chaînes secondaires** sont des rameaux qui se détachent de la chaîne principale; on les appelle **Contreforts** quand elles servent comme d'appui aux chaînes principales.

31 On donne le nom de **Pics** à quelques montagnes qui ont à peu près la forme d'un pain de sucre ou cône.

32 Un **Volcan** est une montagne qui vomit par intervalles des torrents de feu appelés **Laves.**

33 L'ouverture d'un volcan se nomme **Cratère.**

34 L'espace compris entre deux montagnes s'appelle **Vallée**; s'il est compris entre une montagne et la mer, il prend le nom de **Défilé**.

35 Les **Côtes** sont les endroits où la mer vient baigner la terre.

36 On appelle **Versants** les deux grandes pentes d'une chaîne de montagnes.

37 Les **Plateaux** sont des plaines qui s'étendent au sommet de certaines montagnes.

38 Une **Plaine** est une étendue de terre à peu près horizontale : les plaines incultes s'appellent en France **Landes** ou **Bruyères**; en Russie, **Steppes** ; en Amérique, **Savanes**.

INTRODUCTION A LA COSMOGRAPHIE

39 La **Cosmographie** est la description du monde; elle traite des rapports de la terre avec le reste de l'univers.

Nous ne parlerons, dans cette première partie, que de la Terre considérée en elle-même.

40 Pour représenter la Terre, on se sert de **Globes** et le plus souvent de **Cartes**; les Cartes sont générales ou particulières : les **Cartes générales** représentent une grande contrée; telles sont les cartes d'Europe, d'Asie, d'Espagne, etc. Les **Cartes particulières** n'offrent que des parties d'une grande contrée; telles sont celles où se trouve seulement un bassin ou un département de la France.

41 On appelle **Axe** la ligne imaginaire suivant laquelle la terre tourne sur elle-même en vingt-quatre heures. Cette ligne, indéfiniment prolongée, forme l'**Axe du monde**, c'est-à-dire la ligne sur laquelle tout le ciel semble tourner. Les deux points de notre globe qu'on suppose traversés par cette ligne, s'appellent les deux pôles.

42 Les **Méridiens** sont des lignes tracées verticalement * sur le globe terrestre et qui passent par les deux pôles : ils sont au nombre de 360; on les appelle aussi **Degrés de Longitude**. Sur les cartes, la perspective ne permet pas de les tracer verticalement; mais leur direction est toujours du Nord au Sud.

43 La **Longitude d'un lieu** est la distance de ce lieu au méridien convenu; celui de Paris passe par l'Observatoire, celui de Londres passe à Greenwich (Grinitch), tout près de cette ville. Il y a deux longitudes : la **Longitude orientale** et la **Longitude occidentale**; elles ont pour limites le **Méridien antipode**. Ainsi, par rapport au méridien de Paris, on dit que Canton en Asie est par le 111° degré (111°) de longitude orientale, et le pic de Ténériffe (Afrique) par le 19° de longitude occidentale.

44 Les **Degrés de Latitude** sont des parallèles à l'équateur. L'**Équateur** ou **Ligne équinoxiale** est lui-même un de ces degrés.

45 Le nom *équinoxiale*, donné à cette ligne, vient de ce que l'**Équinoxe** ou l'égalité des jours et des nuits a lieu pour toute la terre lorsque, le 21 mars et le 22 septembre, le soleil envoie verticalement ses rayons sur cette ligne; le même phénomène a lieu sur cette ligne pendant toute l'année.

46 Chacun des points de l'Équateur est à égale distance des deux pôles; l'intervalle qui le sépare des deux pôles et qui forme le quart de la circonférence du globe est divisé en 90 degrés. La **Latitude Nord** est au-dessus de cette ligne, et la **Latitude Sud** au-dessous. Ainsi nous disons que le Mans, en France, est au 48° de latitude N., et Valparaiso, dans le Chili, au 33° de latitude S. Chaque degré se divise en 60 minutes (') et chaque minute en 60 secondes ("), etc.

47 On conçoit que, pour bien déterminer un lieu sur le globe ou sur une carte, il faut en indiquer en même temps et la longitude et la latitude. Paris est à 0° de longitude et à **43° 50' 11"** de latitude Nord.

* *La ligne verticale ou perpendiculaire est celle qui suit la direction du fil à plomb.*

48 L'équateur partage le globe en deux **Hémisphères** ou demi-sphères, savoir : l'**Hémisphère boréal** au N, et l'**Hémisphère austral** au S. Le méridien le partage en deux autres hémisphères, savoir : l'Hémisphère oriental et l'Hémisphère occidental.

49 Les **Tropiques**, petits cercles tracés dans le même sens que l'équateur, et qui sont pour cette raison nommés parallèles, sont à 23° 27' de cette ligne; ils sont ainsi nommés d'un mot grec qui signifie *retour*, parce que le soleil semble revenir sur l'équateur lorsqu'aux solstices, c'est-à-dire le 21 juin et le 22 décembre, la terre lui présente cette partie. L'un de ces cercles, placé dans l'hémisphère boréal, se nomme **Tropique d'été ou du Cancer**, l'autre se nomme **Tropique d'hiver** ou **du Capricorne.**

50 Les **Cercles polaires,** nommés encore parallèles, sont aussi éloignés des pôles que les tropiques le sont de l'équateur, et ils servent avec les tropiques à déterminer l'espace du globe appelé **Zone tempérée** (zone signifie *ceinture*). Au-delà des cercles polaires, ce sont les **Zones glaciales**, et entre les deux tropiques, c'est la **Zone torride.**

51. Les degrés de latitude sont tous de 25 lieues ou d'un peu plus de 111 kilomètres (1 lieue égale 4,444 mètres très-approximativement). Mais les degrés de longitude n'ont cette distance entre eux que sur l'équateur; ils diminuent jusqu'aux pôles où ils se trouvent tous réduits à 0.

52 Les **Échelles**, sur les cartes, marquent les proportions du dessin à la contrée qu'il représente. Au moyen de ces échelles, on évalue la distance des lieux et l'étendue des pays.

53 L'**Horizon**, d'un mot grec qui signifie *borner*, est un cercle dont la circonférence est la limite naturelle de la vue autour de nous. Le point du ciel qui correspond verticalement au centre de l'horizon s'appelle le **Zénith**, et le point opposé s'appelle le **Nadir**. (*Fig. 1.*)

54 Il y a sur l'horizon quatre **Points cardinaux** ou principaux : le **Nord**, Septentrion ou Point boréal; le **Sud**, Midi ou Point austral; l'**Est**, Levant ou Orient; l'**Ouest**, Couchant ou Occident. Le Nord est dans la direction de la constellation, ou réunion d'étoiles, appelée la Petite-Ourse; le Sud est à l'opposé. On l'appelle aussi Midi, parce qu'il est du côté où nous voyons le soleil à midi. Et, si nous nous plaçons à cette heure-là de manière à avoir notre ombre devant nous, l'Est ou Levant, qui est le point où le soleil se lève, est à notre droite, et l'Ouest ou Couchant est à notre gauche. Les points intermédiaires sont : le Nord-Ouest, le Sud-Ouest, le Sud-Est et le Nord-Est. Tous ces points forment la Rose des Vents. (*Fig. 2.*)

GRANDES DIVISIONS DU GLOBE TERRESTRE

55 Le monde est divisé géographiquement en cinq parties : l'**Europe**, l'**Asie**, l'**Afrique**, l'**Amérique** et l'**Océanie**. Par son importance politique, l'Amérique doit prendre rang avant l'Afrique.

PRINCIPALES MERS

56. L'océan Glacial-arctique, l'océan Atlantique, le Grand Océan ou océan Pacifique, l'océan Glacial-antarctique.

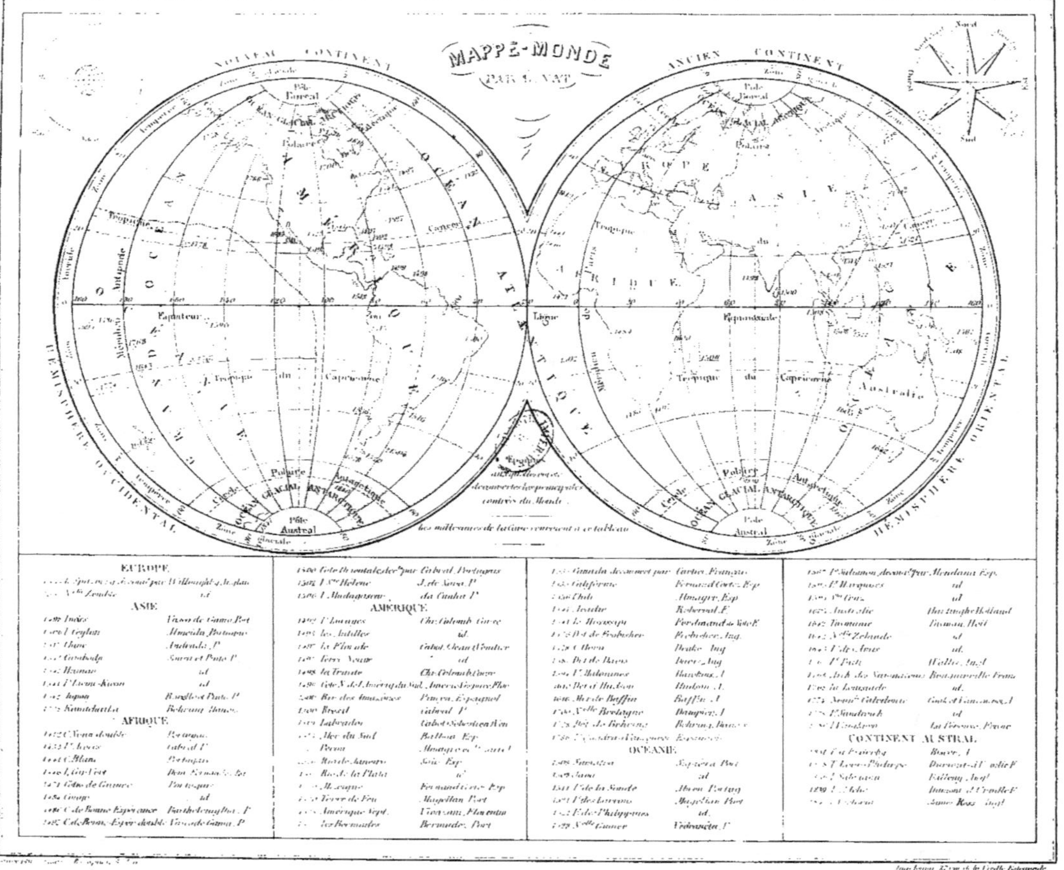
MAPPE-MONDE
NOUVEAU CONTINENT
ANCIEN CONTINENT
HÉMISPHÈRE OCCIDENTAL
HÉMISPHÈRE ORIENTAL
Pôle Boréal
Pôle Austral
OCÉAN GLACIAL ARCTIQUE
OCÉAN GLACIAL ANTARCTIQUE
OCÉAN ATLANTIQUE
GRAND OCÉAN
AMÉRIQUE
EUROPE
ASIE
AFRIQUE
Australie
Équateur
Ligne Équinoxiale
Tropique du Cancer
Tropique du Capricorne
Cercle Polaire
Antipode
Méridien
Nord
Sud
Est
Ouest
contrées du Monde
les millésimes de la Carte renvoient à ce tableau
EUROPE
ASIE
AFRIQUE
AMÉRIQUE
OCÉANIE
CONTINENT AUSTRAL
1500 Côte Orientale déc.te par Cabral, Portugais
1502 I. S.te Hélène J. de Nova, P.
1506 I. Madagascar da Cunha, P.
1498 la Trinité Chr. Colomb, Génois
1500 Brésil Cabral, P.
1511 I. de la Sonde
1819 Ile Victoria
Vasco de Gama, Port.
Pérou
Bermudes
Magellan, Port.
Baffin, A.
Hudson, A.
Drake, Ang.
Cartier, Français
James Ross, Angl.

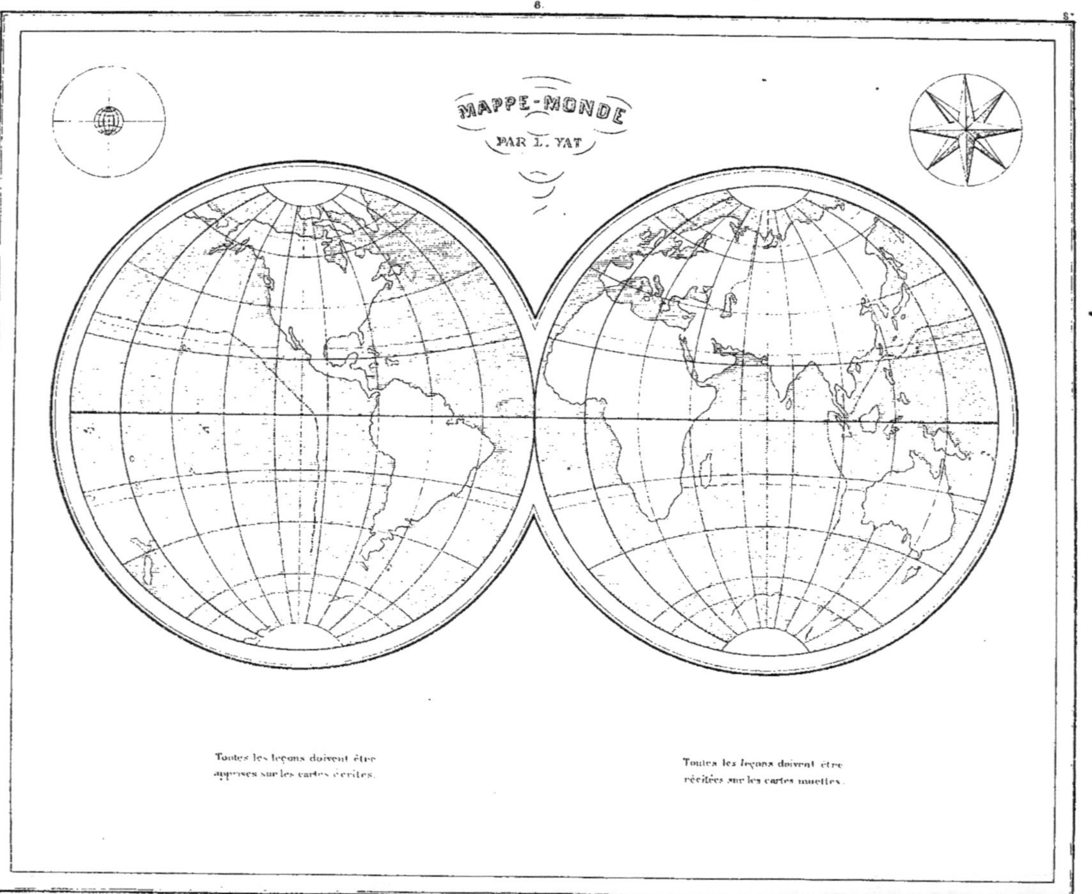
MAPPE-MONDE
PAR L. VAT
Toutes les leçons doivent être apprises sur les cartes écrites.
Toutes les leçons doivent être récitées sur les cartes muettes.

EUROPE

PARTIE POLITIQUE

1 L'Europe est la plus importante des cinq parties du monde. Sa population est de 270,000,000 d'habitants.

2 Voici les diverses **races** qui l'occupent : Au N., la race mongolique, tartare ou jaune; le reste est occupé par la race caucasique ou blanche.

3 **Religions**. Le christianisme, qui comprend le catholicisme, le protestantisme et la religion grecque ou d'Orient, règne dans presque tous les États de l'Europe; le mahométisme en Turquie, et le judaïsme presque partout, mais avec un fort petit nombre de sectateurs.

4 **Limites**. Au N. l'océan Glacial-arctique : — à l'O. l'océan Atlantique ; — au S. le détroit de Gibraltar, la Méditerranée, l'Archipel, la mer de Marmara, la mer Noire et la chaîne du mont Caucase : — à l'E. la mer Caspienne, le fleuve Oural, les monts Ourals ou Poyas et le fleuve Kara.

5 L'EUROPE SE COMPOSE DE 17 ÉTATS PRINCIPAUX.

4 AU NORD.

6 1° La **MONARCHIE SCANDINAVE**, qui se compose de la NORWÉGE, *cap. Christiania;* Drontheim, Bergen et Christiansand; et de la SUÈDE, *cap.* STOCKHOLM; Upsal, Gothbourg, Calmar et Carlscrone.

7 2° Les **ILES BRITANNIQUES** ou Royaume-Uni, formé de l'IRLANDE, *cap. Dublin;* Londonderry, Galway et Cork; de l'ÉCOSSE, *cap. Édimbourg;* Inverness, Aberdeen, Dundee, Leith et Glascow; et de l'ANGLETERRE, *cap.* LONDRES, *sur la Tamise;* Newcastle, York, Hull, Liverpool, Manchester, Flint, Birmingham; Pembrok, dans le pays de Galles; Bristol, Plymouth, Southampton, Portsmouth et Douvres.

8 3° Le **DANEMARK**, *cap.* COPENHAGUE; Elseneur, Viborg, Kiel et Altona; avec l'ISLANDE, *cap.* Reykiavick.

9 4° La **RUSSIE**, *cap.* SAINT-PÉTERSBOURG *sur la Néva;* Uléaborg au S. de la LAPONIE, Archangel. Wasa dans la FINLANDE, Abo, Helsingfors, Sweaborg, Viborg, Cronstadt, Revel, Vologda, Novgorod, Riga, Tver, Moscou, Vilna dans la LITHUANIE, Varsovie, *sur la Vistule*, en POLOGNE, Poltava, les COSAQUES DU DON, Nicolaev, Odessa, Astrakan; et en CRIMÉE, Eupatoria, Sébastopol et Balaclava; enfin Tiflis, Érivan et Bakou dans la GÉORGIE.

10 7 AU MILIEU.

11 1° La **HOLLANDE**, *cap.* LA HAYE; Amsterdam.

12 2° La **BELGIQUE**, *cap.* BRUXELLES; Ostende.

13 3° L'**ALLEMAGNE INTÉRIEURE**, Hambourg et Brême, villes libres; Hanovre, dans le roy. de ce nom; Cassel, *sur le Wéser*, dans la Hesse électorale; Dresde, *sur l'Elbe*, dans le roy. de Saxe; Francfort, ville libre; Carlsruhe, dans le duché de Bade; Stuttgard, dans le roy. de Wurtemberg, et Munich, dans le roy. de Bavière.

14 4° La **PRUSSE**, *cap.* BERLIN; Aix-la-Chapelle et Trèves, dans la Prusse Rhénane, Stralsund, Stettin et Breslau (ces 6 villes font partie de la CONFÉDÉRATION GERMANIQUE), enfin Dantzig, *sur la Vistule*.

15 5° La **FRANCE**, *cap.* PARIS *sur la Seine;* Calais, Boulogne, Lille, Dieppe, le Havre, Rouen, Metz, Strasbourg, Troyes et Mulhouse; Cherbourg, Brest, Rennes, Lorient, Versailles, Orléans, *sur la Loire*, Dijon, Lyon, *sur le Rhône*, Chambéry; Tours, Nantes, la Rochelle, Rochefort, Bordeaux, *sur la Gironde*, Bayonne, Toulouse, *sur la Garonne*, Agde, Cette, Marseille, Toulon et Nice.

16 6° La **SUISSE**, *cap.* BERNE.

17 7° L'**AUTRICHE**, *cap.* VIENNE, *sur le Danube* et dans l'Autriche propre; Prague, en Bohême: Brunn en Moravie; Inspruck, dans le Tyrol; Trieste, dans l'Illyrie (ces pays font partie de la CONFÉDÉRATION GERMANIQUE); Bude ou Ofen, en Hongrie; Hermanstadt, dans la Transylvanie; Zara et Raguse, dans la Dalmatie.

18 6 AU SUD.

19 1° Le **PORTUGAL**, *cap.* LISBONNE, *sur le Tage;* Porto et Évora.

20 2° L'**ESPAGNE**, *cap.* MADRID; Saint-Sébastien, dans le pays des Basques; le Ferrol, la Corogne, en Galice; Oviédo, dans les Asturies; Pampelune, en Navarre; Barcelone, en Catalogne; Valence, Alicante, Murcie, Carthagène, Séville, *sur le Guadalquivir;* Malaga et Cadix; enfin Gibraltar, *aux Anglais*.

21 3° Le **ROYAUME D'ITALIE**, TURIN *sur le Pô;* Milan, Gênes, Florence, *sur l'Arno, dans l'Italie septentrionale;* (Ancône, Civita-Vecchia et ROME, *sur le Tibre*, dans les ÉTATS DE L'ÉGLISE); NAPLES, Tarente, Palerme, Messine, Catane et Syracuse dans l'Italie méridionale; Cagliari, dans l'île de Sardaigne. Au N.-E. la VÉNÉTIE : Mantoue, Venise, *cap. à l'Autriche*.

22 4° **PRINCIPAUTÉS SLAVES ou DANUBIENNES**, Jassi, en Moldavie; Boukarest, en Valachie; Belgrade et Semendria, *sur le Danube*, en Servie.

23 5° La **TURQUIE**, *cap.* CONSTANTINOPLE, *sur le détroit de ce nom;* Silistrie et Varna; Bosna-Seraï et l'Herzégovine, dans la Bosnie; la Rép. de Montenegro; Andrinople et Gallipoli; Salonique et Janina.

24 6° La **GRÈCE**, *cap.* ATHÈNES; Patras, Tripolitza et Nauplie, en Morée, et les Iles Ioniennes.

25 **Iles.** — I. Magroé, I[s] Tromsoé, I. Lofoden, I. Oland et I. Gotland, à la Suède : I. Waigatch, I. Abo, I[s] Aland, I. Dago et I. OEsel, à la Russie ; I. Helgoland (*à l'embouchure de l'Elbe*). I[s] Shetland, I[s] Orcades, I[s] Hébrides, I. de Man, I. d'Anglesey, I[s] Sorlingues, I. de Wight, Aurigny, Guernesey, Jersey, I. de Malte avec La Valette, aux Anglais.

26 I[s] Fœroë, I. de Fionie, I. de Séeland, aux Danois ; I. Texel et Zélande, à la Hollande ; I. Rugen, à la Prusse ; Belle-Isle, I. de Noirmoutier, I. d'Oléron, I. de Corse avec Bastia et Ajaccio, à la France ; I[s] Baléares ; Ivice, Majorque avec Palma, Minorque avec Port-Mahon, à l'Espagne.

27 I. d'Elbe, I. de Sardaigne, I[s] Lipari, I[s] Egades, I. de Sicile, I. Pantellaria, I. Linosa et I. Lampedouze au roy. d'Italie ; I[s] Ioniennes : Corfou, Céphalonie, Zante et Cerigo sous le protectorat de l'Angleterre ; I. de Candie, à la Turquie ; les Cyclades, Négrepont et les Sporades, à la Grèce.

28 **GRANDS PORTS DE L'EUROPE** hors du Continent : Cronstadt, Elseneur, Copenhague, Liverpool, Bristol, Plymouth, Southampton, Douvres, Londres, Newcastle, Leith, Palma, Port-Mahon, Bastia, Ajaccio, Cagliari, Messine, Palerme, La Valette, Corfou et Syra.

29 Autour du Continent : Bergen, Christiania, Calmar, Stockholm, Helsingfors, Saint-Pétersbourg, Revel, Riga, Dantzig, Stettin, Stralsund, Kiel, Altona, Hambourg, Brême, Ostende, Calais, Boulogne, Dieppe, le Havre, Cherbourg, Brest, Lorient, La Rochelle, Rochefort, Bayonne.

30 Saint-Sébastien, le Ferrol, la Corogne, Porto, Lisbonne, Cadix, Gibraltar, Carthagène, Barcelone, Agde, Cette, Marseille, Toulon, Nice, Gênes, Civita-Vecchia, Naples, Ancône, Venise, Trieste, Raguse, Patras, le Pirée (Athènes), Gallipoli, Constantinople, Varna, Odessa et Nicolaev.

GRANDES LIGNES DES CHEMINS DE FER DE L'EUROPE.

31 (OUEST, NORMANDIE.) De PARIS au HAVRE et à Dieppe par Rouen. — De PARIS à CHERBOURG.

32 (OUEST, BRETAGNE.) De PARIS à BREST par Rennes.

33 (ORLÉANS.) De PARIS à NANTES par Orléans et Tours ; à La Rochelle et à Rochefort ; à BORDEAUX et à Bayonne. (De Bayonne partira la ligne de MADRID jusqu'à Valence et Alicante). De BORDEAUX à la MÉDITERRANÉE par Toulouse, Cette et MARSEILLE. (De cette branche se détachera une autre ligne pour Barcelone et MADRID.)

34 (BOURBONNAIS.) De PARIS à LYON par Nevers.

35 (LYON.) De PARIS à MARSEILLE par Dijon et LYON. — De LYON à VIENNE et Bude (Autriche) par TURIN, VENISE et Trieste, avec embranchement sur Gênes. — De LYON à Bâle par GENÈVE.

36 (MULHOUSE.) De PARIS à MULHOUSE par Troyes.

37 (EST.) De PARIS à STRASBOURG, Bâle, Stuttgard et Munich. — Embranchement sur Metz, FRANCFORT, Cassel, Dresde, VIENNE, VARSOVIE, Vilna, SAINT-PÉTERSBOURG et MOSCOU. — Embranchement de Dresde à BERLIN.

38 (NORD.) De PARIS à Lille, BRUXELLES, LA HAYE et Amsterdam. — Embranchement sur Boulogne et Calais. — De BRUXELLES à Hanovre, Hambourg et Kiel. — De Cassel à BERLIN, Stettin, Dantzig, Vilna et SAINT-PÉTERSBOURG.

39 (ANGLETERRE.) De LONDRES à Liverpool par Birmingham et Manchester.

40 De LONDRES à Pembrok, à Bristol et à Plymouth. — De LONDRES à Southampton, à Portsmouth, à Brighton et à Douvres.

41 De LONDRES à Hull, York, Newcastle, ÉDIMBOURG, Aberdeen et Inverness.

N. B. Quelques lignes ne sont encore qu'en cours d'exécution.

PARTIE PHYSIQUE.

42 **Superficie.** — 10,000,000 de kilomètres carrés.

43 **Mers.** — Océan Glacial-arctique, mer Blanche ; Océan Atlantique, mer du Nord, mer Baltique ; mer Méditerranée, mer Adriatique, mer de Marmara, mer Noire, mer d'Azof ; mer Caspienne.

44 **Détroits.** — Pas-de-Calais, la Manche, détr. de Gibraltar, détr. de Constantinople.

45 **Golfes.** — G. de Botnie, G. de Finlande, G. de Bristol, G. de Gascogne.

46 **Fleuves.** — *Versant du Nord et de l'Ouest :* la Dvina du Nord, la Tornéa, la Néva, la Dvina de l'Ouest et le Niémen, *en Russie ;* la Vistule, l'Oder et l'Elbe, *en Prusse ;* le Rhin, la Seine, la Loire, la Garonne et le Rhône, *en France ;* le Minho (Minio), le Douro, le Tage, la Guadiania et le Guadalquivir, *en Espagne.*

47 *Versant du Sud et de l'Est :* l'Ebre, *encore en Espagne ;* le Tibre et le Pô, *en Italie ;* la Maritza, *en Turquie ;* le Danube, *en Autriche ;* le Dniester, le Dniéper, le Don qui traverse le pays des Cosaques, le Volga et l'Oural, *dans la Russie méridionale.* La Tamise coule *en Angleterre ;* et le Shannon, *en Irlande.*

48 **Lacs.** — Mœlar, *en Suède ;* Onéga, Ladoga et Peypous, *en Russie ;* de Genève, *en Suisse ;* Balaton, *en Autriche.*

49 **Caps.** — C. Nord, C. Clear, C. Lizard, C. Finistère, C. Matapan.

50 **Montagnes.** — Dans la grande ligne de partage des eaux se trouvent l'Oural septentrional, *ou N. E. de la Russie ;* les Carpathes du nord, *en Autriche*, et les Pyrénées, *en France.* Les Alpes se lient aux Apennins, *en Italie,* et par leur ramification aux Balkans, *en Turquie.*

51 *Entre la Norvège et la Suède* sont les monts Dophrines ; *et au sud de la Russie* le mont Caucase qui se rattache à l'arête S. O. du plateau central de l'Asie.

52 **Volcans.** — Mont Hécla, *en Islande ;* mont Vésuve, *en Italie, près de Naples ;* mont Etna, *en Sicile.*

N. B. Pour plus de détails, voyez la deuxième Partie : *Europe physique, par versants,* page 57*.

EUROPE
POLITIQUE
et Commerciale
PAR L. VAT.
En Angleterre Beurre, Bois de charpente, Cacao, Café, Céréales, Chanvre brut, Cochenille, Coton, Eaux-de-vie, Epicerie, Fruits, Indigo, Laine, Œufs, Peaux, Soie brute, Tabac, Thé et Vins.
En Russie. Fruits, Indigo, Plomb, Soie et Vins.
En France. Argent, Bois de teinture, Cacao, Café, Canne-à-sucre, Coton, Epicerie, Fourrures, Indigo, Mercure, Or, Peaux, Riz et Thé
En Allemagne Cacao, Café, Cuirs, Cuivre, Epicerie, Sel, Sucre et Vins.
MATIÈRES D'EXPORTATION
d'Angleterre. Alun, Bière, Cuivre, Étain, Fer, Houille et les divers produits de ses Manufactures
de Russie. Blé, Bois, Chanvre, Duvet, Fourrures, Platine, Potasse.
de France. Articles d'ébénisterie, de Modes etc. Céréales, Coton fabriqué, Fer fabriqué, Fruits, Œufs, Or fabriqué, Vins et Volaille.
d'Allemagne. Bois de construction, Céréales, Cire, Étain, Fer, Laine, Mercure, Plomb et Vitriol.
OCÉAN GLACIAL ARCTIQUE
OCÉAN ATLANTIQUE
ISLANDE
LAPONIE
NORWÈGE
SUÈDE
FINLANDE
RUSSIE
Sibérie
Turkestan
MER CASPIENNE
MER BALTIQUE
DANEMARK
PRUSSE
POLOGNE
LITHUANIE
ILES BRITANNIQUES
IRLANDE
ANGLETERRE
Mer du Nord
CONFÉDÉRATION GERMANIQUE
FRANCE
SUISSE
AUTRICHE
Hongrie
LES PRINCIPAUTÉS
MER NOIRE
Cosaques du Don
GÉORGIE
Russie du Caucase
Circassie
TURQUIE
Turquie d'Asie
EMPIRE OTTOMAN
GRÈCE
ROYAUME D'ITALIE
MER ADRIATIQUE
ESPAGNE
PORTUGAL
MER MÉDITERRANÉE
AFRIQUE
ALGÉRIE
ÉCHELLES.
Lieues de 25 au degré
25 50 75 100 125 150
Myriamètres
10 20 30 40 50 60 70 80
Gravé par Kautz, 32, rue Bonaparte, Paris

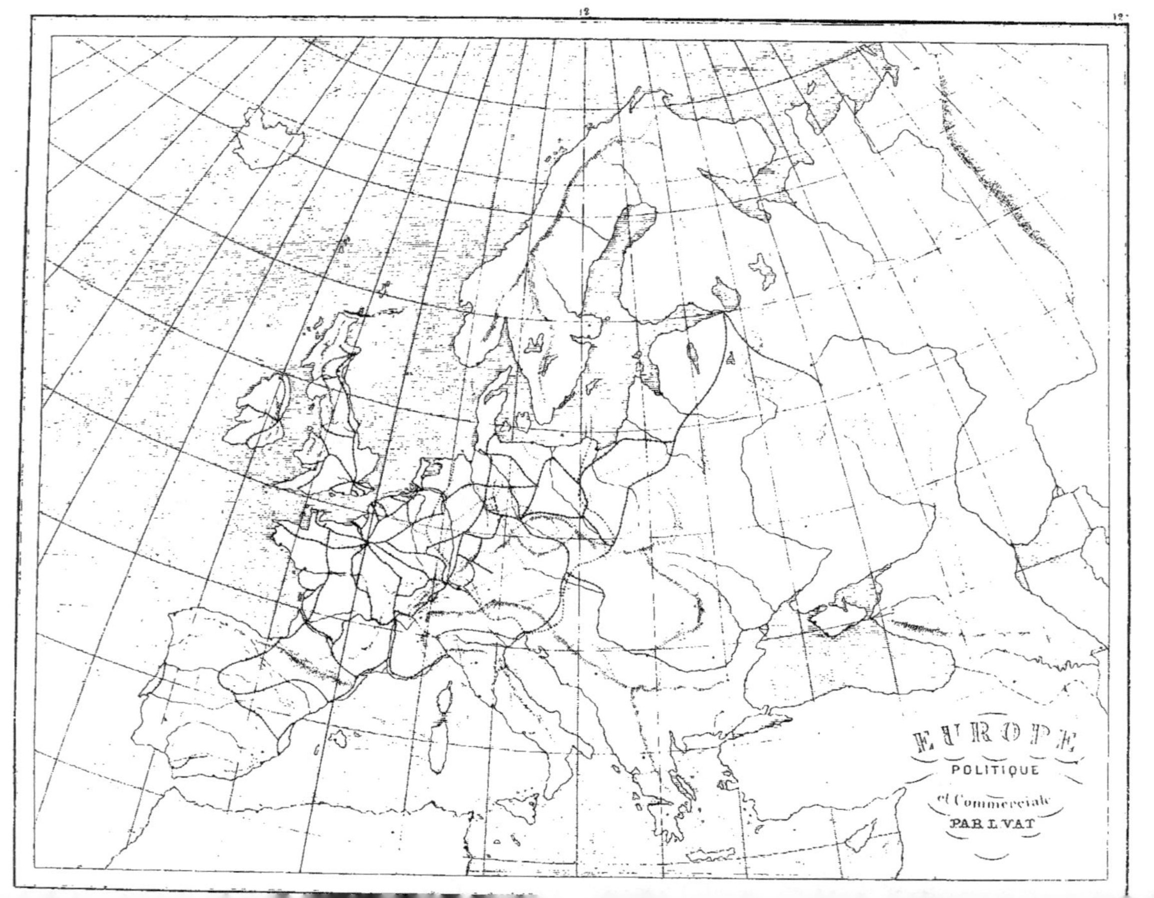
EUROPE
POLITIQUE
et Commerciale
PAR L VAT

ASIE

PARTIE POLITIQUE

1 **Population.** 700,000,000 d'habitants.

2 **Races.** La race mongolique, tartare ou jaune habite au N., au centre et à l'E. au delà du Gange; la race caucasique ou blanche à l'O. et au S. O. en deçà du Gange, et la race malaise au S. E.

3 **Religions.** Le catholicisme a de nombreux prosélytes en Sibérie, en Turquie, dans l'Inde et la Chine; le mahométisme en Turquie, en Arabie et en Perse; et le polythéisme, ou croyance à plusieurs dieux, en Chine, au Japon et aux Indes.

4 **Limites.** Au N. l'océan Glacial. A l'O. le fleuve Kara, les monts Ourals ou Poyas, le fleuve Oural ou Jaïk, la mer Caspienne, la chaîne du Caucase, la mer Noire, l'Archipel, la mer Méditerranée, l'isthme de Suez par lequel elle tient à l'Afrique, et la mer Rouge. Au S. l'océan Indien. A l'E. le Grand Océan et le détroit de Behring qui la sépare de l'Amérique du Nord.

5 LES PRINCIPALES CONTRÉES DE L'ASIE SONT AU NOMBRE DE 12.

1 AU NORD

6 La **RUSSIE D'ASIE** qui comprend : la SIBÉRIE, villes principales : TOBOLSK, *cap.*; Tomsk, Irkoutsk, Kiakhta et Okhostk; le KAMTCHATKA, *cap. Petropawlowsk;* et la DAOURIE, *cap.* Nertchinsk.

7 AU MILIEU.

7 La **TARTARIE** *ou* **TURKESTAN**; Khiva, Khokand et Boukhara; Samarkand dans la BOUKHARIE.

8 L'**EMPIRE CHINOIS**, qui renferme la DAOURIE, la DZOUNGARIE, la TARTARIE, la MONGOLIE qui est séparée de la Chine par la Grande-Muraille, la MANTCHOURIE, *cap.* MOUKDEN, et au S. de laquelle se trouve la presqu'île de CORÉE; la PETITE BOUKHARIE, le THIBET, *cap.* LASSA; le BOUTAN, la CHINE, *cap.* PÉKIN, *sur le Pého;* Nankin, Chang-Haï, Canton, Hong-Kong aux Anglais, et Macao aux Portugais.

9 Le **JAPON** formé de **4** grandes îles: **Yéso, NIPHON**, Sikokf et Kiousiou, YÉDO *cap.;* Miyaco et Nangasaki.

10 La **TURQUIE D'ASIE** : Trébizonde, Brousse, KOUTAÏEH *cap.*, et Smyrne dans l'Asie-Mineure, Erzeroum en Arménie, Orfa dans le Diarbékir, Alep, Tripoli, Beyrouth, Jaffa et JÉRUSALEM en Syrie, Bagdad dans l'Irac-Arabi (ancienne Mésopotamie).

11 La **PERSE**, Tauris, TÉHÉRAN *cap.;* Hamadan, Ispahan, Chiraz et Bender-Boucher.

12 Le roy. de **HÉRAT**, *cap.* HÉRAT.

13 L'**AFGHANISTAN**: Caboul, Candahar et Chizny.

4 AU SUD

14 L'**ARABIE**: Médine, la Mecque dans l'Hedjaz, Lahsa, *cap.* du Lahsa, Mascate dans l'Oman, Sana et Moka dans l'Yémen, Aden aux Anglais.

15 Le **BELOUTCHISTAN**, *cap.* KÉLAT.

16 Les **INDES** *ou* **INDOUSTAN**. Possessions médiates ou États tributaires des Anglais: Djeypour, Odeypour, le Sindhyah, *cap.* Goualior, le Guzerate, *cap.* Baroda, Indour, le roy. de Nizam, Golconde, Haïder-Abad, *cap.*, et le roy. de Maïssour.

17 Les possessions immédiates des Anglais sont: le roy. des Seikhs, Cachemire, Lahore, Moultan; Delhi, ancienne cap. du Mogol, Agrah, Lucknow,

Oude, Bénarès; le Bengale, Dacca. *cap.;* Calcutta *sur l'Hougly, bras du Gange:* Cambaye, Surate, Nagpour. Djaggrenath, Bombay, Madapolam, Masulipatam, Madras sur la côte de Coromandel, Calicut et Cochin sur la côte de Malabar.

18 **Possessions françaises**: Chandernagor, Yanaon, Mahé, Pondichéry et Karikal.

19 **Possessions portugaises**: Diu, Damaun et Goa.

20 L'**INDO-CHINE** qui renferme: l'EMPIRE DES BIRMANS, *cap.* **Ava.**

21 Le ROY. DE SIAM. Bankok.

22 L'EMPIRE D'AN-NAM, où se trouvent le Tonquin, le Laos, la Cochinchine, Hué, *cap.* et *Tourane;* le Cambodje, *Saïgon, Mytho*, etc., aux Français.

23 L'INDO-CHINE BRITANNIQUE: Moulmeïn *cap.;* elle comprend chez les Birmans: les provinces d'Assam, de Catchar, d'Arakan, de Pégou, de Martaban, etc.; Rangoun, Salengor, Pahang, Malacca et Singhapour au S. de la presqu'île de Malacca.

24 **Iles.** Nouvelle-Sibérie ou I° Liakhov, Nouvelle-Zemble, I. de Rhodes, I. de Chypre, I° Laquedives, I° Maldives; I. de Ceylan à l'Angleterre, Colombo, *cap.* et Point de Galles; I° Andaman et I° Merghi; I° Nicobar aux Suédois; I. du Prince-de-Galles aux Anglais; I Haïnan, I. Formose, I° Liou-Kieou, I° Japonaises et I. Tarrakaï; I° Kouriles aux Russes.

PARTIE PHYSIQUE

25 **Superficie** : 42,160,000 kilomètres carrés.

26 **Mers.** Océan Glacial-arctique; M. Caspienne, M. Noire, Archipel et M. Méditerranée; M. Rouge, M. d'Oman, M. des Indes ou océan Indien; Grand Océan, M. de la Chine, M. de Corée (M. Bleue et M. Jaune), M. du Japon, M. d'Okhotsk et M. de Behring.

27 **Détroits.** Dét. de Bab-el-Mandeb ou *Porte-de-Deuil*, d'Ormus, de Malacca, de Fo-Kien, de Corée, de la Pérouse et de Behring.

28 **Golfes.** G. de l'Obi, de Kara, G. Arabique ou M. Rouge, d'Aden, G. Persique, du Bengale, de Martaban, de Siam, de Tonquin, de Petchili et d'Anadir.

29 **Fleuves.** *Versant du nord :* la Léna, l'Iénisséi et l'Obi grossi de l'Irtych. *Plateau des Mers Caspienne et d'Aral:* le Phase ou Rioni, le Kour, le Djihoun et le Sir ou Sihoun. *Versant de l'ouest :* le Kisil Irmak, le Sakaria et l'Oronte. *Versant du sud:* l'Euphrate et le Tigre qui forment à leur embouchure le Chat-el-Arab, l'Indus, le Gange, le Brahmapoutre, l'Ava ou Iraouaddy et le Salouen. *Versant de l'est :* le Meïnam et le Cambodje ou May-Kang, le Yang-tzeu-kiang ou fleuve Bleu, Hoang-Ho ou fleuve Jaune, l'Amour ou Sakhalian-oula.

30 **Lacs.** *Versant du nord:* lac Baïkal; mers Caspienne et d'Aral dans le plateau de ce nom. *Versant de l'ouest:* lac de Van, lac d'Ourmiah et lac Asphaltite ou mer Morte. *Plateau central:* lac Balkach, lac Lob et lac Bleu. *Versant du sud:* lac Zerrah et marais de Rinn. *Versant de l'est:* lac Tengri-noor, lac Toung-ting et lac Pho-yang.

31 **Caps.** C. Oriental, C. Septentrional, C. Comorin et C. Romania.

32 **Montagnes.** Elles sont divisées en cinq groupes. 1° Le plateau central qui forme au N. la chaîne des monts Altaï, auxquels se rattachent les monts Thian-Chan ou monts Célestes; à l'O. les monts Bolor; au S. les monts Himalaya où se trouve le Chamalari, haut de 8,700 mètres; et à l'E. les montagnes Neigeuses.

33 Du plateau central se détachent quatre arêtes: 1° au N. E. sous le nom de monts Iablonoï ou Stanovoï 2° Au N. O. une suite de collines peu élevées et appelées monts Oulouk-Tagh et Alguidim. 3° Au S. O. les monts Bolor projettent les monts Hindoukouch, les monts du Khorassan dans le prolongement desquels est le mont Ararat; cette arête se rattache au N. avec le mont Caucase, à l'O, avec le mont Taurus, et au S. avec l'Anti-Liban et le Liban pour se terminer au mont Sinaï. 4° Au S. E. une arête traverse l'Indo-Chine et se termine au cap Romania.

34 Les monts Ghattes de l'ouest et de l'est forment le plateau de Dekan qui couvre l'Indoustan.

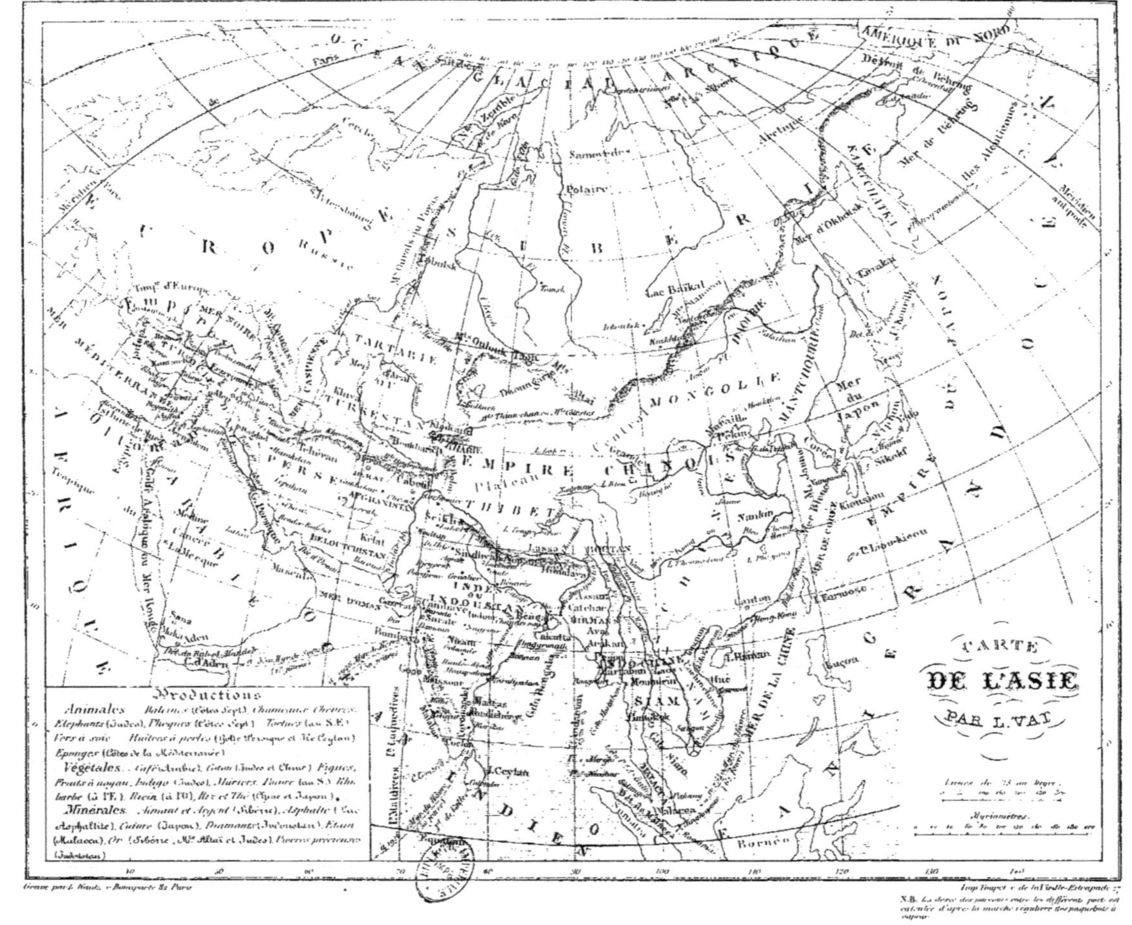
CARTE
DE L'ASIE
PAR L. VAT
Lieues de 25 au degré.
Myriamètres.
OCÉAN GLACIAL ARCTIQUE
AMÉRIQUE DU NORD
Détroit de Behring
Mer de Behring
Iles Aléoutiennes
KAMTCHATKA
Mer d'Okhotsk
Méridien antipode
Cercle Polaire
Samoyèdes
Nouvelle Zemble
EUROPE
RUSSIE
S I B É R I E
Tobolsk
Tomsk
Lac Baïkal
Irkoutsk
DAOURIE
MANTCHOURIE
MONGOLIE
EMPIRE CHINOIS
Plateau
THIBET
Lassa
BOUTAN
Himalaya
TARTARIE
TURKESTAN
Mer d'Aral
CASPIENNE
MER NOIRE
Mt. Caucase
Tiflis
EMPIRE TURC
MER MÉDITERRANÉE
Archipel
Isthme de Suez
Tropique du Cancer
AFRIQUE
ARABIE
Golfe Arabique ou Mer Rouge
Médine
La Mecque
Sana
Aden
Dét. de Bab-el-Mandeb
G. d'Aden
Mascate
MER D'OMAN
G. Persique
PERSE
Téhéran
Ispahan
Hérat
AFGHANISTAN
Caboul
BELOUTCHISTAN
Kelat
INDE
INDOUSTAN
Sindhia
Bombay
Nizam
Madras
Pondichéry
Ceylan
Iles Laquedives
Iles Maldives
Calcutta
Bengale
G. du Bengale
Assam
Birman
Ava
Arakan
INDO-CHINE
SIAM
Bangkok
Malacca
Sumatra
Bornéo
Pékin
Grande Muraille
Nankin
Canton
Hong-Kong
Formose
L. Hainan
Hué
MER DE LA CHINE
Mer du Japon
Corée
JAPON
Nipon
Yedo
Sikokf
Kiousiou
EMPIRE DU JAPON
Luçon
GRAND OCÉAN
OCÉAN INDIEN
Productions
Animales. Baleines (Côtes Sept.), Chameaux, Chèvres, Éléphants (Indes), Phoques (Côtes Sept.), Tortues (au S.E.) Vers à soie, Huîtres à perles (Golfe Persique et Île Ceylan) Éponges (Côtes de la Méditerranée)
Végétales. Café (Arabie), Coton (Indes et Chine), Figues, Fruits à noyau, Indigo (Indes), Mûriers, Poivre (au S.), Rhubarbe (à l'E.), Ricin (à l'O.), Riz et Thé (Chine et Japon).
Minérales. Aimant et Argent (Sibérie), Asphalte (Lac Asphaltite), Cuivre (Japon), Diamants (Indoustan), Étain (Malacca), Or (Sibérie, Mts. Altaï et Indes), Pierres précieuses (Indoustan)
Gravé par L. Naudé, r. Bonaparte 82 Paris
Imp. Toupet r. de la Vieille-Estrapade 27
N.B. La durée des parcours entre les différents ports est calculée d'après la marche régulière des paquebots à vapeur.

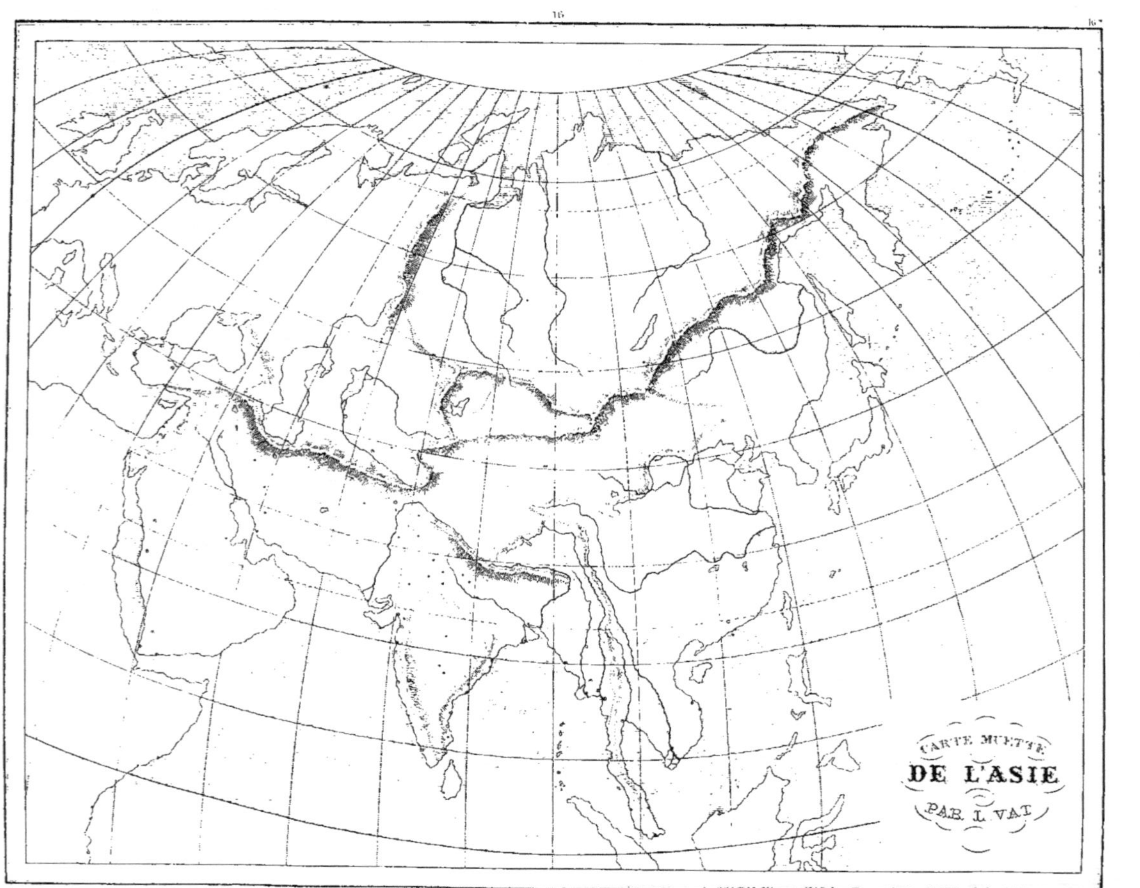
CARTE MUETTE
DE L'ASIE
PAR L. VAT

AFRIQUE

PARTIE POLITIQUE

1 **Population.** — 100,000,000 d'habitants.

2 **Races.** — Le N. de cette contrée est occupée par la race caucasique ou blanche; les nègres ou noirs habitent le reste.

3 **Religions.** — Le catholicisme et le mahométisme règnent au N.: le polythéisme au milieu et au S.

4 **Limites.** — Au N., la M. Méditerranée, le détroit de Gibraltar, qui sépare l'Afrique de l'Espagne; — à l'O., l'océan Atlantique; — au S., l'océan Austral; — à l'E., la M des Indes, la M. Rouge et l'isthme de Suez, par lequel elle communique avec l'Asie.

5 LES PRINCIPAUX ÉTATS DE L'AFRIQUE SONT AU NOMBRE DE PLUS DE 25.

6 Le **PACHALIK D'ÉGYPTE**: Alexandrie, Rosette, Damiette et LE CAIRE, *cap.*, dans le Delta; Syout et Girgey, dans la Haute-Égypte.

7 La **RÉGENCE DE TRIPOLI** avec le désert de Barcah et le Fezzan : TRIPOLI *cap.*

8 La **RÉGENCE DE TUNIS**, *cap.* TUNIS, près des ruines de Carthage. (Ces trois États sont sous la souveraineté de la Turquie.)

9 **L'ALGÉRIE** ou **AFRIQUE FRANÇAISE** avec une partie du Beled-el-Djeryd ou *Pays des Palmiers*, et du Sahara : Oran, ALGER, *cap.*, et Constantine.

10 **L'EMPIRE DU MAROC** : Ceuta aux Espagnols; Tanger, Fez, Rabat et Magador; MAROC, *cap.*

(Ces quatre derniers États formaient autrefois la CÔTE DE BARBARIE.)

11 Sur les **CÔTES DE SAHARA** : rade de Portendic aux Français. Au milieu des sables, quelques oasis : Touat, *cap.* Agably; Sidi-Escham, *cap.* Talent; les Touaricks, *cap.* Ghraat; les Tibbous, *cap.* Palma, et Aghasis. A l'E. le désert de Libye.

12 La **SÉNÉGAMBIE**, dont la colonie française au N. prend le nom de SÉNÉGAL. Elle renferme le Cayor, les Yolofs, le Fouta-Toro, les Foulahs et les Mandingues. Villes et établissements : FORT SAINT-LOUIS, Galam, Gorée et Abréda aux Français, Bathurst aux Anglais. Bambouk et Bangassi.

13 La **GUINÉE SUPÉRIEURE**, où se trouve la colonie anglaise de Sierra-Leone; la colonie américaine de Libéria, *cap.* Monrovia ; la côte d'Ivoire, les Eyos ; le royaume de Dahomey, *cap.* Abomey; les Aschantis, *cap.* Coumassie; les comptoirs du Grand-Bassam et d'Assinie, Saint-Georges-de-la-Mine aux Hollandais; le cap Corse, sur la côte d'Or, à l'Angleterre, avec Christianborg aux Danois; la côte des Esclaves, le royaume de Benin et les Biafras.

14 La **GUINÉE INFÉRIEURE**, qui renferme les États de Loango, *cap.* Bouali ; les royaumes de San-Salvador et de Congo ; d'Angola, *cap.* Saint-Paul-de-Loando ; de Benguela, *cap.* San-Felipe-de-Benguela aux Portugais.

15 La **CÔTE DE CIMBÉBASIE.**

16 Les Namaquois, les Koranas et les Bushmen au pays des **HOTTENTOTS.**

17 La **COLONIE DU CAP**, Ville-du-Cap, à l'Angleterre.

18 Le **PAYS DES CAFRES**, Port-Natal, les Bedjouanas, *cap.* Litakou.

19 Le **MONOMOTAPA** et la **CÔTE DE MOZAMBIQUE aux** Portugais. Mozambique, *cap.*, et Sofala.

20 Le **ZANGUEBAR**, où se trouvent les tribus des Maracatas et des Mongalos : Quiloa, *cap.*

21 Les 5 États suivants : I. Zanzibar, Mombaza, Melinde, Brava et Mogadoxo sont soumis à l'iman de Mascate (Arabie).

22 L'**ÉTAT DE SÔMAL**, où se trouvent les côtes d'Ajan et d'Adel, *cap.* Zeilah.

23 L'**ABYSSINIE**, qui renferme le royaume de Tigré, *cap.* Antalo ; le royaume d'Ambra, *cap.* GONDAR ; le pays de Choa et celui des Gallas.

24 La **NUBIE**, tributaire de l'Égypte, avec le Dongola et le Kordofan : Chendy, Halfaï, Khartoum et Sennaar, *cap.*

25 Le **SOUDAN** ou **NIGRITIE SEPTENTRIONALE**, renfermant le royaume de Tombouctou, le Bambarra, le Kaschna ; l'empire des Fellahs, *cap.* Sackatou ; le royaume de Bournou, *cap.* Kouka, et le Darfour.

26 La **NIGRITIE MÉRIDIONALE**, où se trouvent les royaumes de Bomba, des Malouas, de Cassange ; *ville principale*, Yanvo.

27 **MADAGASCAR**, habitée par les Hovas, les Antavares, les Séclaves et les Malgaches ; *ville principale*, Tananarive.

28 **Iles.** — Açores et Madère aux Portugais ; Canaries : Ténériffe, Gomère et I. de Fer aux Espagnols ; Is du Cap-Vert : Cacheu et Bissagos aux Portugais ; Fernando-Po aux Anglais ; Annobon aux Espagnols ; Ascension et Sainte-Hélène aux Anglais ; Madagascar.

29 Ie Mascareignes, composées de l'I. de la Réunion, jadis I. Bourbon, *cap.* Saint-Denis, à la France, et de l'I. Maurice, jadis I. de France, *cap.* Port-Saint-Louis, à l'Angleterre ; Is Sainte-Marie, Nossi-bé et Mayotte, à la France ; Is Comores, Is Séchelles (Amirantes et Mahé), à l'Angleterre, et I. Socotora.

PARTIE PHYSIQUE

30 **Superficie.** — 29,700,000 kilomètres carrés.

31 **Mers.** — M. Méditerranée, océan Atlantique, océan Austral, M. des Indes et M. Rouge.

32 **Détroits.** — Détroit de Gibraltar, canal de Mozambique et détroit de Bad-el-Mandeb.

33 **Golfes.** — Golfes de Syrte, de Gabès, de Benin, de Guinée, de Biafra, baie de Lagoa, golfe d'Aden, golfe Arabique ou M. Rouge.

34 **Fleuves.** — *Versant du nord :* le Nil, formé du Nil blanc et du Nil bleu, le Chélif, en Algérie. *Versant occidental :* le Sénégal, la Gambie, le Niger, le Zaïre et l'Orange. *Versant oriental :* le Zambèze. *Versant intérieur :* l'Yeou et le Charry.

35 **Lacs.** — Meighigh, Kéroun, Tchad, Dembéa et Ouniamési.

36 **Caps.** — C. Bon, C. Noun, C. Bojador, C. Vert, C. de Bonne-Espérance ou des Tourmentes et C. Guardafui.

37 **Montagnes.** — Le plateau de l'Atlas est limité au N. par les monts Haroudjé et la chaîne de l'Atlas ; au S. O. par les monts de Kong ; au S. par les monts de la Lune avec les monts de Mandara pour contre-forts ; et à l'E. par les monts Libyques.

38 Les monts Libyques, les Alpes d'Abyssinie et la chaîne Arabique encaissent la vallée du Nil. Le plateau d'Abyssinie couvre les États qui composent cette contrée.

39 Le plateau de l'Afrique australe ou de la Cafrerie a pour limite, au N., le versant méridional des monts de la Lune ; à l'O. les montagnes de Guinée et les monts du Congo ; au S. les monts Nieuweld et les monts Sneeuwberg ; et à l'E. les monts Lupata dans le prolongement desquels se trouvent les monts Kilimandjaro qui se relient au N. aux monts de la Lune par les Alpes d'Abyssinie.

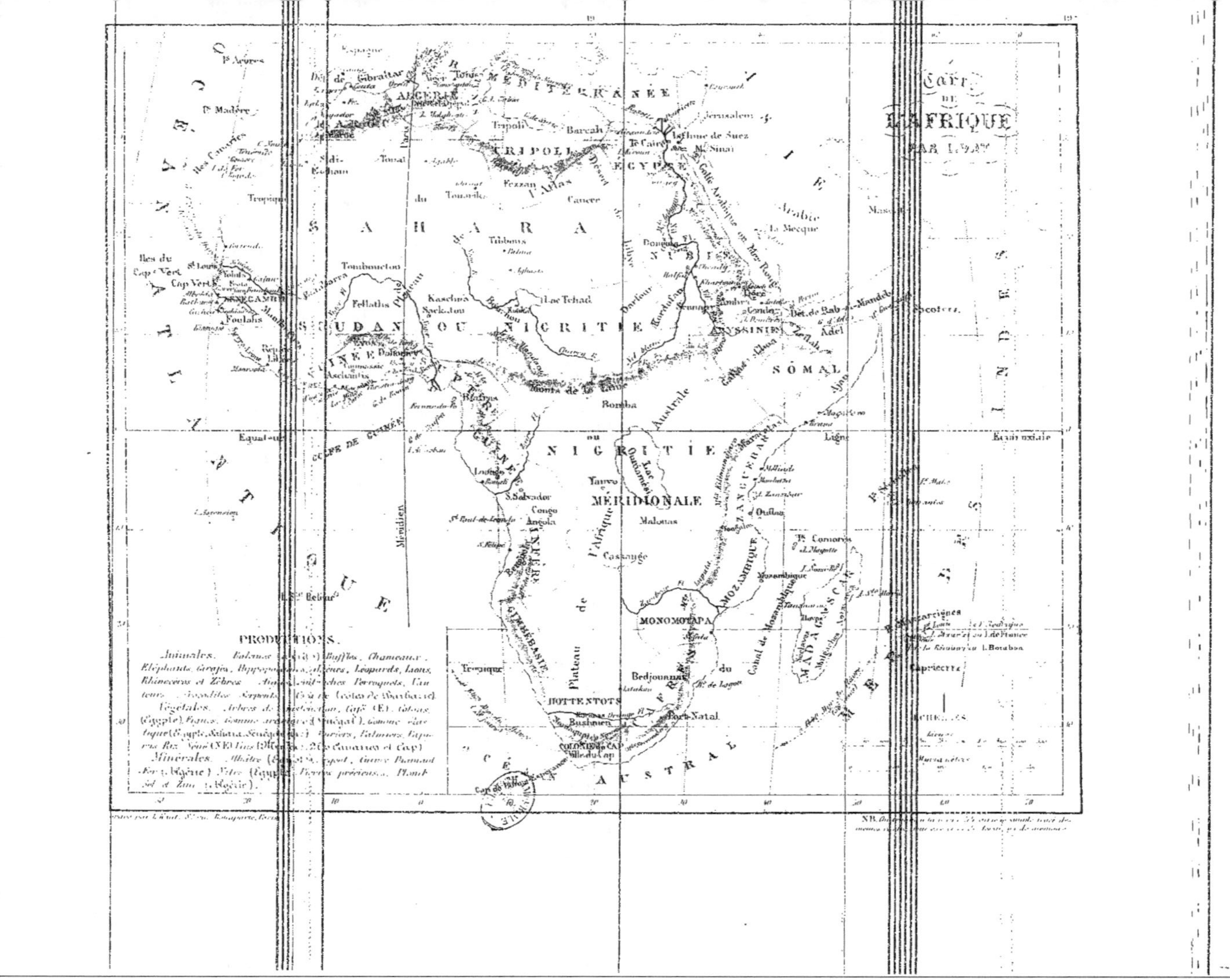

Carte
de
L'AFRIQUE
SAHARA
SOUDAN OU NIGRITIE
NIGRITIE MÉRIDIONALE
MÉDITERRANÉE
ALGÉRIE
TRIPOLI
ÉGYPTE
NUBIE
ABYSSINIE
SÔMAL
ZANGUEBAR
MOZAMBIQUE
MONOMOTAPA
MADAGASCAR
HOTTENTOTS
CIMBÉBASIE
GUINÉE
SÉNÉGAMBIE
COLONIE du CAP
Tombouctou
Lac Tchad
Lac Ouniamési
Golfe Arabique ou Mer Rouge
Canal de Mozambique
Golfe de Guinée
Monts de la Lune
Isthme de Suez
Équateur
Tropique
Capricorne
Méridien
PRODUCTIONS.

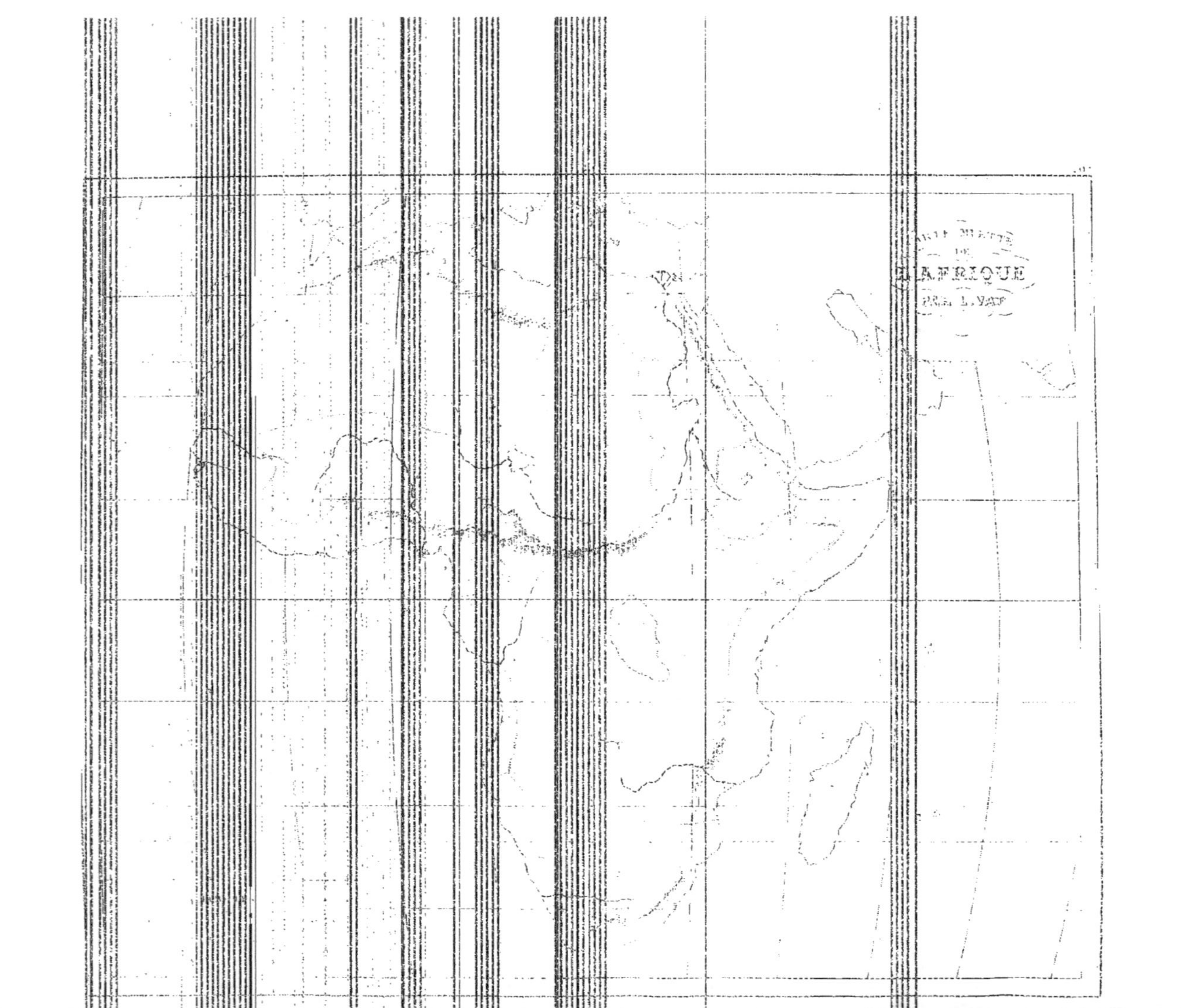
L'AFRIQUE

AMÉRIQUE

1 L'**Amérique**, ou **Nouveau Continent**, fut découverte en **1492** par **Christophe** Colomb.

2 **Superficie.** — **42,480,000** kilomètres carrés.

3 **Population.** — **60,000,000** d'habitants.

4 **Races.** — Quatre races distinctes occupent **les deux Amériques** : **1° la race** blanche ou caucasique, comprenant les Anglais, les Français, les Portugais et les Espagnols, qui ont conquis ou colonisé **l'Amérique**; **2°** la race cuivrée ou Américains indigènes : Sioux, Hurons, Osages, Mosquitos, Péruviens, Araucans et Patagons; **3°** la race noire ou africaine dans les États-Unis du Nord, les Antilles, le Brésil, etc.; **4°** la race jaune ou les Esquimaux.

5 Les principaux peuples sont les Américains des États-Unis, qui descendent des Anglais et des Français; les Mexicains et les Colombiens, qui descendent des Espagnols; les Brésiliens, qui viennent des Portugais.

6 **Religions.** — Le catholicisme est en vigueur chez les Français, les Portugais et les Espagnols; le protestantisme, dans les colonies suédoises, anglaises, danoises et hollandaises, et le fétichisme chez les sauvages.

7 L'Amérique présente **2** vastes **péninsules : l'Amérique du Nord et l'Amérique du Sud.**

AMÉRIQUE DU NORD

PARTIE POLITIQUE

8 **Limites : au N.**, l'Océan Glacial-arctique; — **au N.O.**, le détroit de Behring, qui la sépare de l'Asie; — à l'O., le Grand Océan ou océan Pacifique; — au S., l'isthme de Panama, par lequel elle communique avec l'Amérique du Sud et la mer des Antilles; — à l'E., l'océan Atlantique, qui la sépare de l'ancien continent.

9 L'**Amérique du Nord** se divise en **8** contrées :

10 Le **GROENLAND** ou **AMÉRIQUE DANOISE**, avec le **Spitzberg** et l'**Islande**, *cap.* **Julianeshaab.**

11 L'**AMÉRIQUE RUSSE**, *cap.* Nouvelle-Arkhangel dans l'île Sitka.

12 La **NOUVELLE-BRETAGNE**, aux Anglais, comprenant les Esquimaux, l'Amérique indigène ou cuivrée, la Nouvelle-Galles, le Labrador, le Canada, le

Nouveau-Brunswick et la Nouvelle-Écosse ou Acadie : Québec, MONTRÉAL cap., et Halifax.

13 Les États-Unis comprenaient 34 États qui formaient une république fédérative appelée UNION; mais une guerre cruelle vient de les séparer.

14 En voici les villes les plus importantes et les États où elles se trouvent :

ÉTATS DU NORD, OU FÉDÉRÉS.

Au N. E. : Portland, *Maine*; New-York, *New-York*; Boston, *Massachusetts*; Philadelphie, *Pensylvanie*, Baltimore et Annapolis, *Maryland*; **WASHINGTON**, cap., *sur le Potomac et dans le district de Columbia.*

A l'O. : San-Francisco, *Californie*; Santa-Fé, *Nouveau-Mexique.*

Au centre : Columbus et Cincinnati, *Ohio.*

ÉTATS DU SUD, OU CONFÉDÉRÉS.

15 Saint-Louis, *Missouri*; Francfort, *Kentucki*; RICHMOND *cap.*, *Virginie;* Arkopolis, *Arkansas*; Nashville, *Tennessée;* Charleston, *Caroline du Sud;* Austin et Galveston, *Texas;* Nouvelle-Orléans, *Louisiane;* Natchez, *Mississipi;* Tuscaloosa, *Alabama*; Milledgeville, *Géorgie*, Tallahassée, *Floride.*

16 Le **MEXIQUE**. MEXICO, *cap.*, Vera-Cruz, Acapulco, Campêche dans le Yucatan.

AMÉRIQUE DU CENTRE.

17 Le **GUATEMALA**, *cap.*, GUATEMALA; Honduras, les Mosquitos.

18 Les **GRANDES-ANTILLES** : Is Lucayes ou de Bahama aux Anglais; Cuba aux Espagnols, *cap.* la Havane; la Jamaïque aux Anglais; République d'Haïti : Port-au-Prince, *cap.*, et Saint-Domingue; Porto-Rico aux Espagnols.

19 Les **PETITES-ANTILLES** : Iles Vierges, Saint-Barthélemy, aux Suédois; Saint-Thomas, Saint-Jean et Sainte-Croix, aux Danois; Saint-Christophe, la Barboude, Antigoa, aux Anglais; la GUADELOUPE : Basse-Terre et Pointe-à-Pitre, la Désirade, Marie-Galande et Iles Saintes, aux Français; la Dominique, aux Anglais; la MARTINIQUE : Port-Saint-Pierre et Fort-de-France, aux Français; Sainte-Lucie, Saint-Vincent et la Barbade, aux Anglais.

20 **Iles diverses.** — Iles Aleutiennes, Archipel de Georges III, arch. du Prince de Galles, aux Russes; I. de la Reine-Charlotte et I. Quadra et Vancouver, aux Anglais; Arch. Saint-Lazare, Is Revilla-Gigédo; Is Lucayes, Is Bermudes, I. Saint-Jean, aux Anglais; Saint-Pierre et Miquelon, aux Français; Terre-Neuve (près du banc du Terre-Neuve), aux Anglais; I. Cumberland, le Spitzberg et l'Islande, aux Danois.

PARTIE PHYSIQUE

21 **Mers.** — Mer d'Hudson, M. des Esquimaux, **M.** de Baffin, **M.** Polaire, océan Glacial-arctique et M. des Castors, Grand Océan ou océan Pacifique; M. Vermeille ou G. de Californie; l'océan Atlantique, qui forme la M. des Antilles ou des Caraïbes.

22 **Détroits.** — Dét. de Frobisher, de Davis, de Barrow et de Behring.

23 **Golfes.** — G. de Californie, du Mexique et de Saint-Laurent.

24 **Fleuves.** — *Versant du Nord* : le Nelson et le Mackensie. *Versant de l'Ouest :* la Colombia ou Orégon, le Sacramento et le Rio Colorado. *Versant du Sud :* le Rio del Norte, le Mississipi grossi du Missouri, de l'Ohio et de l'Arkanzas. *Versant de l'Est* : le Potomac, le Connecticut et le Saint-Laurent.

25 **Lacs.** — Lacs du Grand-Ours, de l'Esclave, Atapeskou, Ouinipeg, des Bois, Supérieur, Michigan, Huron, Érié et Ontario : ces deux derniers sont unis par le Niagara; et enfin, Nicaragua dans le Guatemala.

26 **Caps.** — Caps du Prince-de-Galles, de San-Lucas, Gracias à Dios, Agi, Breton, Charles et de Farewell.

27 **Montagnes.**—Les montagnes Rocheuses partant du détroit de Behring, prennent successivement les noms de Sierra Verde, de Sierra Mimbres, de Sierra Madre, ou de Cordilières. Vers la source du Missouri se détache un long contrefort appelé *Hauteurs de Terre*, et qui se bifurque au N. des lacs pour se terminer au cap Charles, et au S. des mêmes lacs pour former les monts Alléghany et prendre fin au cap Agi.

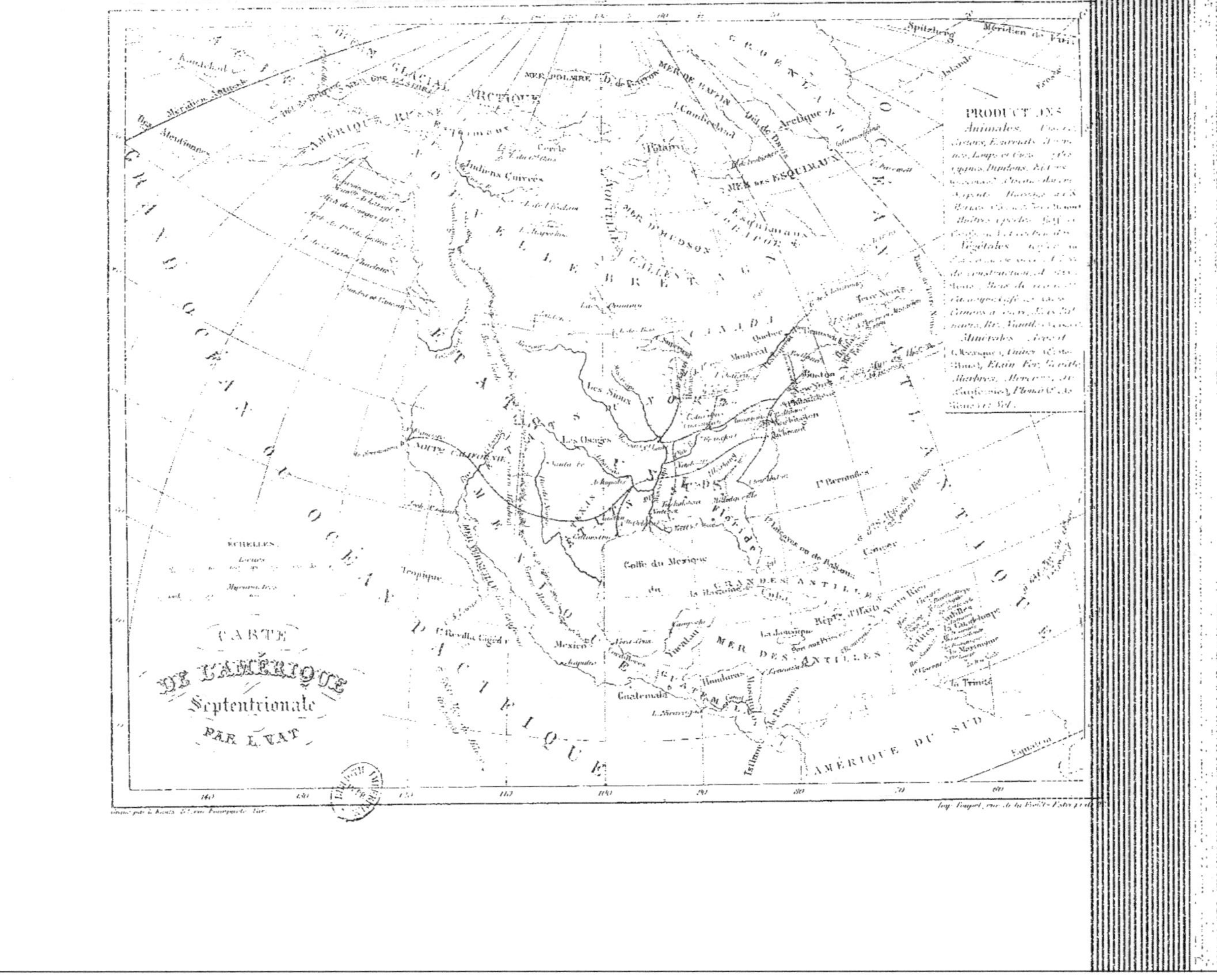
CARTE
DE L'AMÉRIQUE
Septentrionale
PAR LEVAT
PRODUCTIONS
OCÉAN ATLANTIQUE
GRAND OCÉAN OU OCÉAN PACIFIQUE
GLACIAL ARCTIQUE
AMÉRIQUE RUSSE
NOUVELLE BRETAGNE
ÉTATS UNIS
CANADA
GROENLAND
MER DE BAFFIN
MER POLAIRE
MER D'HUDSON
MER DES ESQUIMAUX
NOUVELLE GALLES
Golfe du Mexique
GRANDES ANTILLES
MER DES ANTILLES
AMÉRIQUE DU SUD
Isthme de Panama
NOUVELLE CALIFORNIE
Floride
Cuba
Mexico
Guatemala
Honduras
Yucatan
Boston
New York
Washington
Quebec
Montréal
Les Sioux
Les Osages
Indiens Cuivrés
Islande
Spitzberg
Méridien de Paris
Équateur
Tropique
Cancer
ÉCHELLES
Bermudes
Terre Neuve
La Jamaïque
La Trinité
Petites Antilles
La Guadeloupe
La Martinique

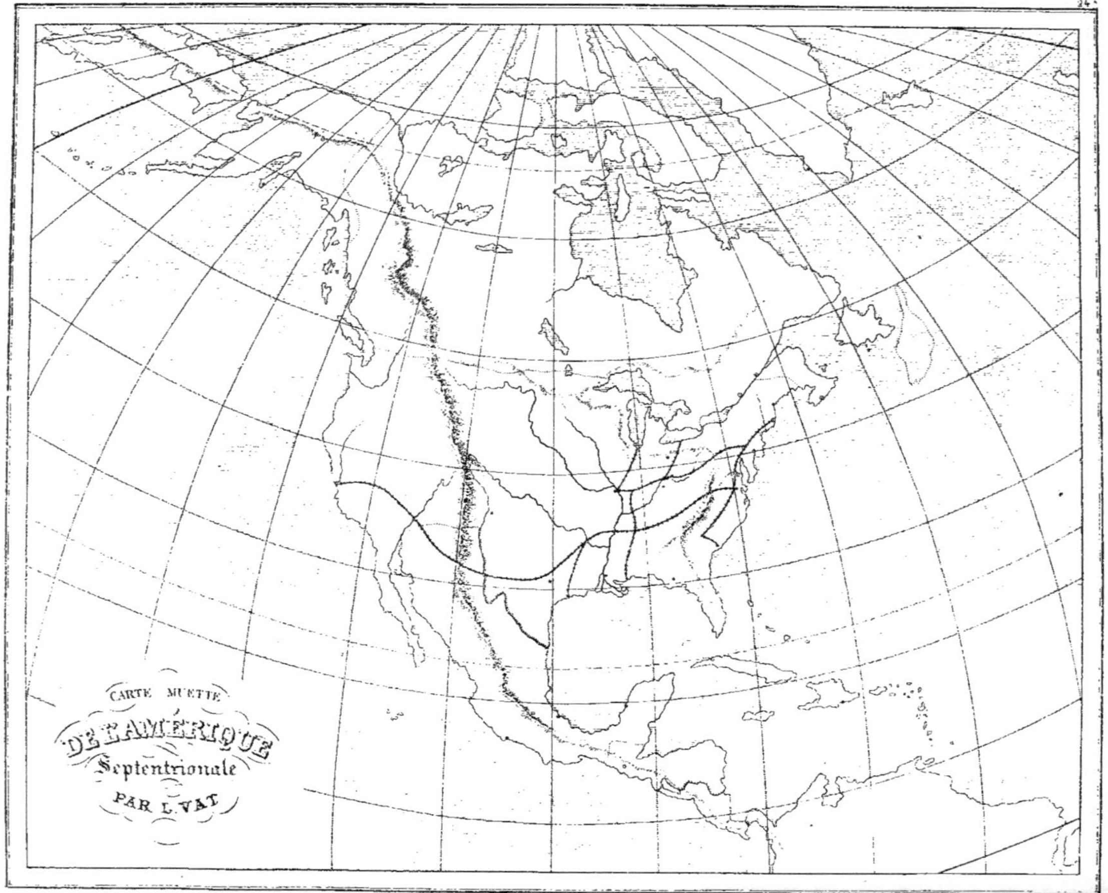

CARTE MUETTE
DE L'AMÉRIQUE
Septentrionale
PAR L. VAT

AMÉRIQUE MÉRIDIONALE

PARTIE POLITIQUE

1 **Limites.** — Au N., la M. des Antilles, l'isthme de Panama qui la fait communiquer avec l'Amérique du Nord ; — à l'O., le Grand Océan ou océan Pacifique ; — au S., l'océan Austral ; — à l'E., l'océan Atlantique qui la sépare de l'Afrique.

2 L'AMÉRIQUE MÉRIDIONALE RENFERME 14 PRINCIPAUX ÉTATS.

3 Les **ÉTATS DE LA COLOMBIE** où se trouvent 3 républiques : 1° la NOUVELLE-GRENADE, Carthagène, Panama et Bogota, *cap.*; 2° le VÉNÉZUÉLA, *cap.* Caracas ; 3° l'ÉQUATEUR, Quito, *cap.* et Guayaquil.

4 Les **GUYANES** : ANGLAISE, Georgetown, *cap.*; HOLLANDAISE, Paramaribo ; FRANÇAISE, Cayenne.

5 La **RÉPUBLIQUE DU PÉROU** : LIMA, *cap.*, avec son port le Callao, et Cusco.

6 La **RÉPUBLIQUE DE BOLIVIA**, la Plata ou Chuquisaca ; POTOSI, *cap.*

7 L'**EMPIRE DU BRÉSIL** : Para, Pernambouc, Bahia ou San-Salvador, et RIO-DE-JANEIRO, *cap.*

8 La **RÉPUBLIQUE DU CHILI** : Valparaiso ; SANTIAGO, *cap.*, et Valdivia.

9 La **PLATA** ou CONFÉDÉRATION ARGENTINE : PARANA, *cap.*, et Buénos-Ayres.

10 Le **PARAGUAY** : Assomption.

11 L'**URUGUAY** : Montévidéo.

12 La **PATAGONIE**, peuplée par les Puelches et les Patagons.

13 **Iles.** — Gallapagos, Saint-Félix, Juan-Fernandez, Chiloë, Arch. de Magellan, Terre-de-Feu, Iᵉˢ Malouines, Joanes, à l'embouchure du fleuve des Amazones ; la Trinité et Tabago aux Anglais ; Bon-Air, Curaçao et Aruba aux Hollandais.

PARTIE PHYSIQUE

14 **Mers.** — Les mêmes que celles qui forment les limites (1).

15 **Détroits.** — Dét. de Lemaire, dét. de Magellan.

16 **Golfes.** — G. de Panama et Baie de Tous-les-Saints.

17 **Fleuves.** — *Versant du S. E. :* le Rio de la Plata, formé de l'Uruguay et du Parana grossi du Paraguay, qui lui-même reçoit le Pilkomayo; dans le Brésil, le Saint-François. *Versant du N. E.* : Rio du Tocantin le fleuve des Amazones ou Maragnon, qui reçoit le Rio Negro et la Madeira; l'Orénoque, uni au Rio Negro par un canal naturel, et la Madeleine.

18 **Lacs.** L. Maracaïbo, qui communique avec la M. des Antilles; Titicaca, sur le plateau Péruvien; Xarayes, formé par les pluies périodiques, et de los Patos, près de l'Océan Atlantique.

19 **Caps.** C. Blanc, C. Froward, C. Horn et C. San-Roque.

20 **Montagnes.** La Cordilière des Andes s'étend de l'isthme de Panama au cap Froward; elle forme trois chaînes parallèles dans la Nouvelle-Grenade, deux dans l'Équateur, le Pérou et le Bolivia, et une seule dans le Chili et la Patagonie; ses principales hauteurs sont du nord, au sud : le Cayambé, haut de 6,000 mètres, l'Antisana, le Cotopaxi, et le Chimboraço, haut de 6,500 mètres. La Parime traverse la partie méridionale des Guyanes.

21. Le système Brésilien se lie à la chaîne des Cordilières par le plateau Péruvien d'où se détache la Sierra Cochabamba dont le prolongement à l'E. forme les monts Campos Parexis, la Sierra dos Vertentes. Là commencent les montagnes du Brésil qui se divisent en plusieurs branches parallèles : l'une court du sud au nord entre le Rio du Tocantin et le Saint-François, sous les noms de Sierra Pyreneos et de monts Tabatinga; la plus orientale forme le Cerro do Frio et la Sierra do Espinhaço.

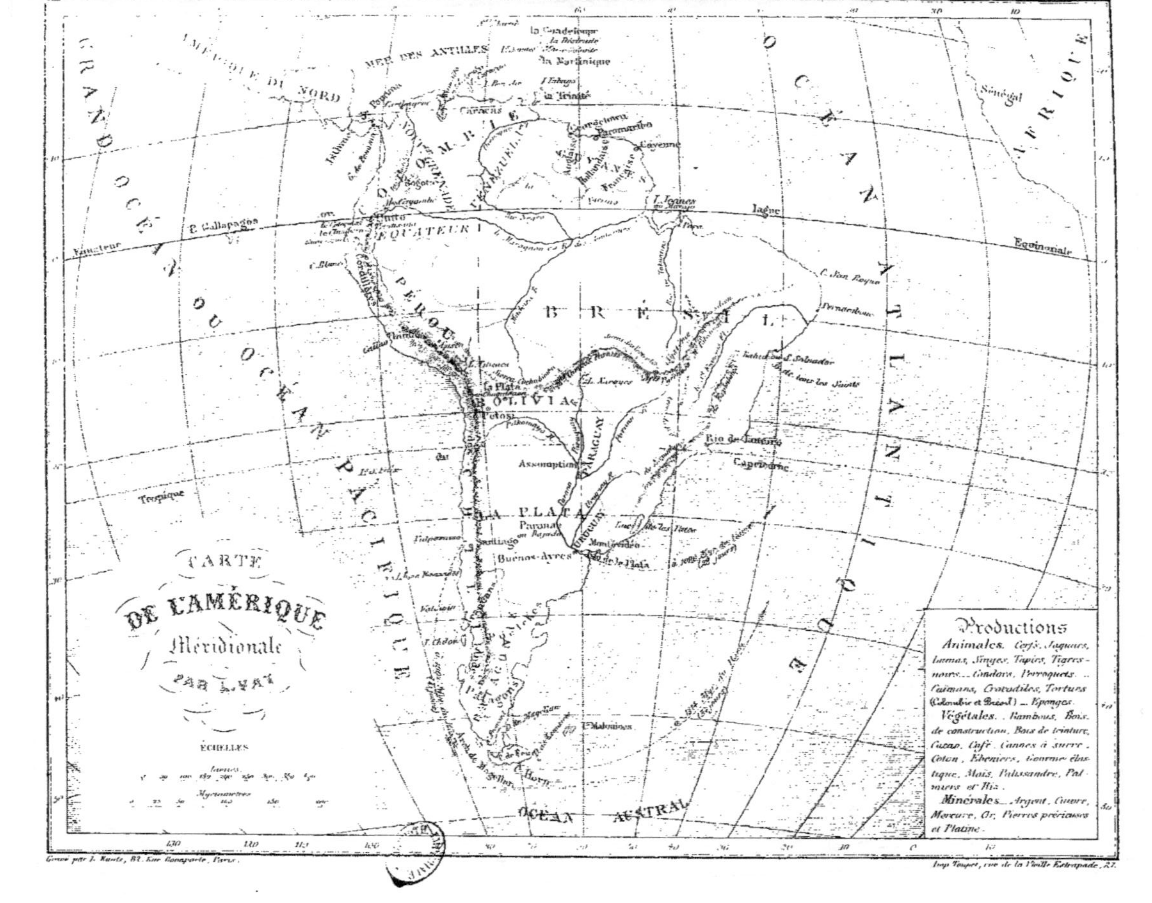
CARTE
DE L'AMÉRIQUE
Méridionale
PAR L. VAT
ÉCHELLES
Productions
Animales. Cerfs, Jaguars, Lamas, Singes, Tapirs, Tigres-noirs... Condors, Perroquets... Caïmans, Crocodiles, Tortues (Colombie et Brésil) ... Éponges.
Végétales. Bambous, Bois de construction, Bois de teinture, Cacao, Café, Cannes à sucre, Coton, Ébéniers, Gomme élastique, Maïs, Palissandre, Palmiers et Riz.
Minérales... Argent, Cuivre, Mercure, Or, Pierres précieuses et Platine.
OCÉAN ATLANTIQUE
GRAND OCÉAN OU OCÉAN PACIFIQUE
OCÉAN AUSTRAL
MER DES ANTILLES
AMÉRIQUE DU NORD
AFRIQUE
Sénégal
Équinoxiale
Tropique
BRÉSIL
PÉROU
BOLIVIA
PARAGUAY
LA PLATA
URUGUAY
ÉQUATEUR
VENEZUELA
NOUV. GRENADE
PATAGONIE
I. Gallapagos
Cordillères
Andes
Quito
Bogota
Caracas
la Trinité
la Martinique
la Guadeloupe
Paramaribo
Cayenne
C. San Roque
Fernambouc
Bahia ou S. Salvador
Rio de Janeiro
Capricorne
Potosi
La Plata
Assomption
Parana
Santiago
Valparaiso
Buenos-Ayres
Montevideo
Rio de la Plata
I. Malouines
C. Horn
Arch. de Magellan
Gravé par L. Wuetz, 82, Rue Bonaparte, Paris.
Imp. Toupet, rue de la Vieille Estrapade, 27.

28.

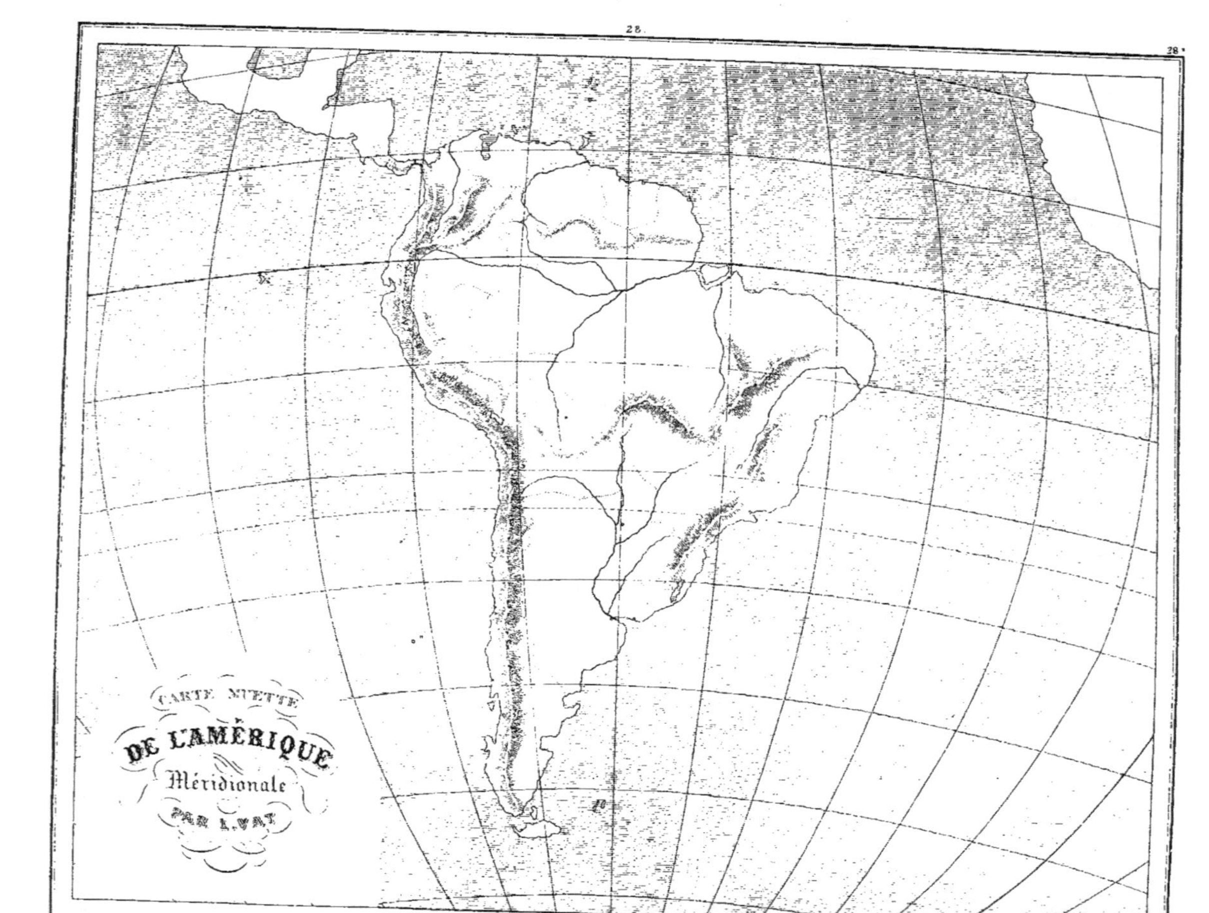

OCÉANIE

PARTIE POLITIQUE

1 **Population**. — 30,000,000 d'habitants.

2 **Races.** — La race malaise ou olivâtre occupe **la Malaisie; la race nègre** ou noire, la Nouvelle-Hollande et autres îles de l'Océanie.

3 **Religions.** — Le mahométisme est pratiqué à l'O., et le polythéisme dans la plus grande partie de l'Océanie; plusieurs îles sont converties au catholicisme.

4 **L'OCÉANIE COMPREND 4 GRANDES DIVISIONS.**

5 La **MICRONÉSIE** où se trouvent : l'archipel de Bonin-Sima ou de Magellan; l'archipel des Mariannes ou des Larrons, aux Espagnols; les Iᵉ Pelew, l'archipel des Carolines, les Iᵉ Marshall, les Iᵉ Mulgrave et les Iᵉ Gilbert.

6 La **MALAISIE** où se trouvent : les Iles Philippines, aux Espagnols; Luçon, Manille, *cap.*, et Mindanao; I. Bornéo; I. Célèbes, peuplée en partie par les Macassars; Iᵉ Moluques, avec Amboine et Banda, aux Hollandais; l'archipel de la Sonde : Sumatra, Java, Batavia, *cap.*, et Madura, aux Hollandais, Iᵉ Timoriennes : Sumbava, aux Hollandais, et Timor, aux Portuguais.

7 La **MÉLANÉSIE** où se trouvent : la Nouvelle-Guinée, aux Hollandais (au N. les *Papous* et le Port-Dubus), les Iᵉ de l'Amirauté, l'archipel de la Nouvelle-Bretagne, aux Anglais; les Iᵉ Salomon, l'île Santa-Cruz, Vanikoro,

I. de Banks, les Nouvelles-Hébrides ou archipel de Quiros; Nouvelle-Calédonie, à la France; les Iᵉ Viti. L'**Australie** ou **Nouvelle-Hollande**, aux Anglais; on y trouve l'*Australie occidentale*, Perth; l'*Australie méridionale*, Adélaïde; la *Province Victoria*, Melbourne; la Nouvelle-Galles du Sud : Sydney, *cap.*, et **Botany-Bay**. **La Terre de *Van Diémen* ou Tasmanie, Hobart-Town.**

8 La **POLYNÉSIE** où se trouvent : les **Iᵉ Sandwich, Oahou, Hawaï**; l'archipel des Marquises ou de **Mendana, aux Français**; Nouka-hiva, l'archipel de Bougainville ou des Navigateurs, l'archipel Pomotou ou des **Iᵉ Basses**, les Iᵉ Tonga ou des Amis, l'archipel de Cook, l'archipel de Taïti ou **Iᵉ de la Société**; Taïti, sous la protection de la France; les Iᵉ Gambier; la **Nouvelle-Zélande, aux Anglais; au S.-E,** les **Antipodes de Paris.**

PARTIE PHYSIQUE

9 **Superficie.** — **10,830,000** kilomètres carrés.

10 **Mers.** — La M. de Chine, M. de Soulou, M. de Mindoro ou des Philippines, l'océan Indien avec la M. de Java, la M. de Corail, le Grand Océan et l'océan Glacial-antarctique.

11 **Détroits.** — Détroits de Malacca, de Macassar, de la Sonde, de Torrès, de Bass et de Cook.

12 **Golfes.** — Golfes de Carpentarie et d'Australie.

13 **Fleuve.** — Le Murray en Australie.

14 **Caps.** — Cap Leeuwin et cap Otou.

15 **Montagnes.** — Les montagnes Bleues, dans la Nouvelle-Galles du **Sud.**

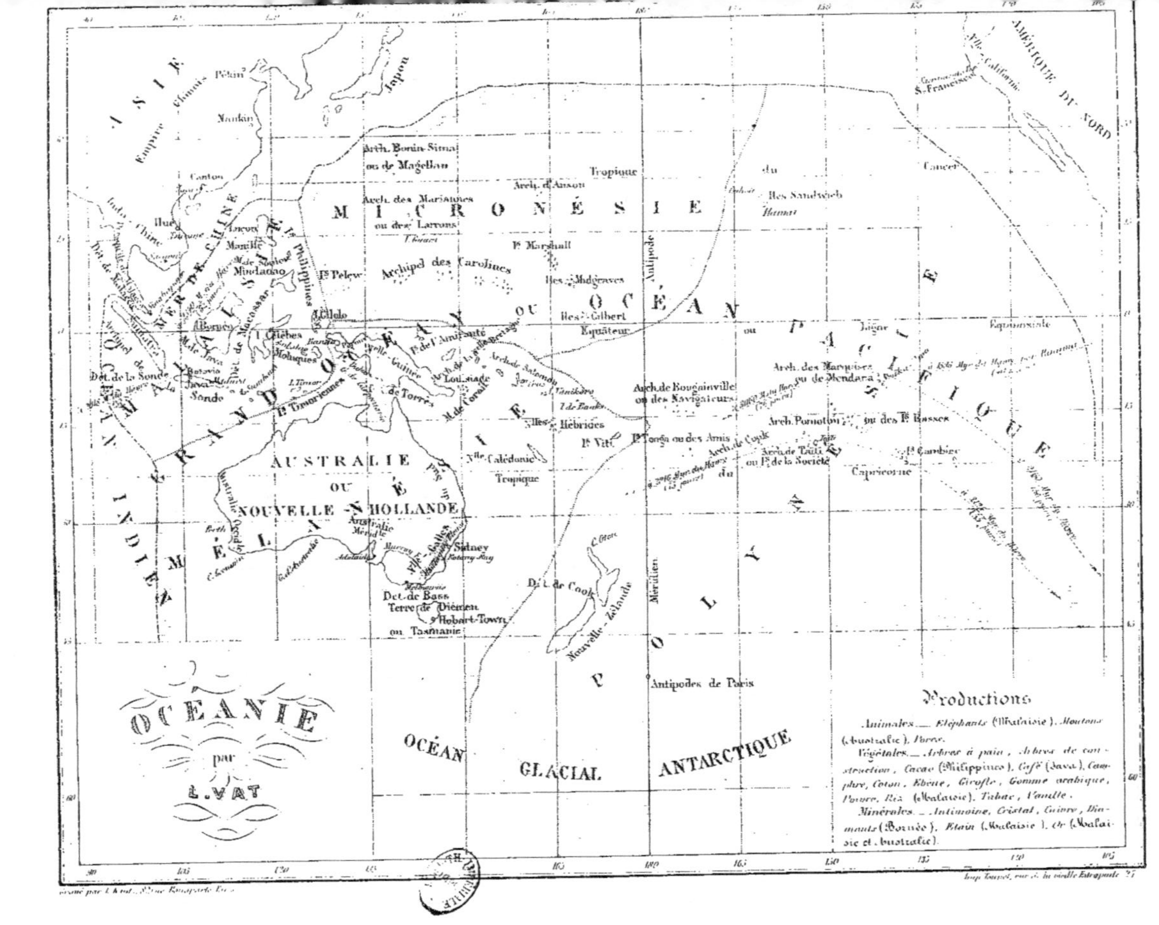
OCÉANIE
par
L. VAT
ASIE
Empire Chinois
Pékin
Nankin
Canton
Japon
AMÉRIQUE DU NORD
S. Francisco
Nlle Californie
Cancer
Tropique
du
Iles Sandwich
Arch. Bonin-Sima ou de Magellan
Arch. des Mariannes ou des Larrons
Arch. d'Anson
MICRONÉSIE
Is Marshall
Archipel des Carolines
Is Pelew
Iles Mulgraves
Iles Gilbert
Equateur
Antipode
OCÉAN PACIFIQUE
Equinoxiale
Philippines
Manille
Mindanao
Luçon
Bornéo
Célèbes
Moluques
Batavia
Java
Det. de la Sonde
Sonde
Archipel de la Sonde
Sumatra
Det. de Malaka
Indo-Chine
Hué
MALAISIE
GRAND OCÉAN
OCÉAN INDIEN
Is Timoriennes
Nlle Guinée
Louisiade
Is de l'Amirauté
Arch. de Salomon
M. de Corail
de Torrès
Vanikoro
Nlles Hébrides
Nlle Calédonie
Is Viti
Is Tonga ou des Amis
Arch. de Cook
Arch. de Taïti ou Is de la Société
Arch. de Bougainville ou des Navigateurs
Arch. des Marquises ou de Mendana
Arch. Pomotou ou des Is Basses
Is Gambier
Capricorne
Tropique
AUSTRALIE
ou
NOUVELLE-HOLLANDE
Australie Occidle
Australie Mérid.le
Perth
Adelaïde
Sidney
Botany-Bay
Melbourne
Det. de Bass
Terre de Diémen
Hobart-Town
ou Tasmanie
MÉLANÉSIE
POLYNÉSIE
Det. de Cook
Nouvelle-Zélande
Méridien
Antipodes de Paris
OCÉAN GLACIAL ANTARCTIQUE
Productions
Animales. — Eléphants (Malaisie). Moutons (Australie), Porcs.
Végétales. — Arbres à pain, Arbres de construction, Cacao (Philippines). Café (Java). Camphre, Coton, Ebène, Girofle, Gomme arabique, Poivre, Riz (Malaisie). Tabac, Vanille.
Minérales. — Antimoine, Cristal, Cuivre, Diamants (Bornéo). Etain (Malaisie). Or (Malaisie et Australie).

32.

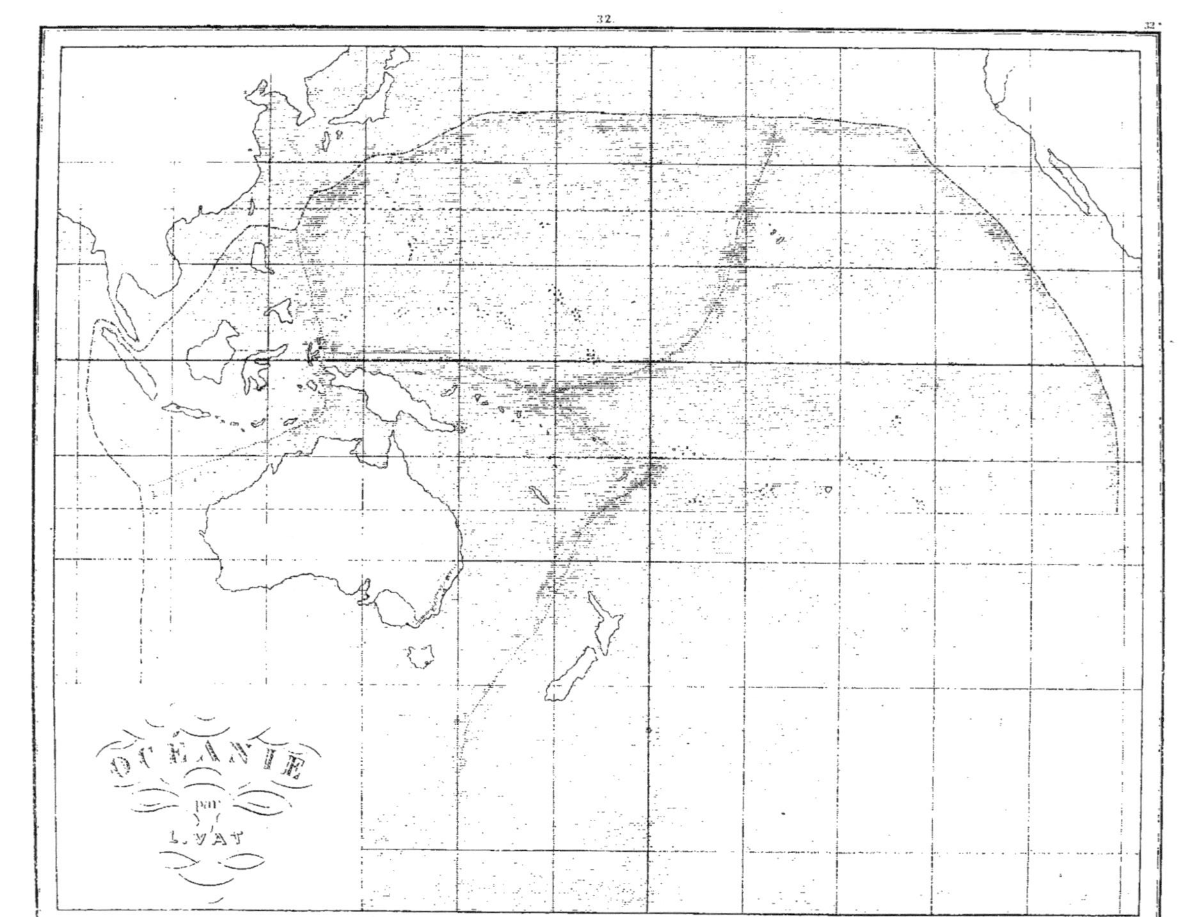

EMPIRE FRANÇAIS

PARTIE POLITIQUE

1 **Population**. 36,739, 364 habitants.

2 **Latitude**. 42° 16' et 51° 5' N.

3 **Longitude**. 7° 9' O. et 5° 56' E.

4 **Étendue**. De Dunkerque (*Nord*) au cap Cerbère (*Pyrénées-Orientales*), 980 kil.; du cap Saint-Mathieu (*Finistère*) au département du Bas-Rhin, 935 kil.

5 **Races**. Celtique, normande, germanique et romaine.

6 **Religions**. La très-grande majorité de la France est catholique. Ce culte comprend 85 diocèses, dont 17 archevêchés et 68 évêchés. On trouve des Luthériens à l'Est : leur consistoire est à Strasbourg; des Calvinistes dans le Midi : ils ont à Montauban une faculté de théologie. Les Juifs ou Israélites, qui sont répandus partout, ont un consistoire central à Paris.

7 **Gouvernement**. Il est monarchique et héréditaire : NAPOLÉON III est empereur depuis le 2 décembre 1852.

8 **Limites générales**. Au N. la Belgique, la mer du Nord, le Pas-de-Calais, qui sépare la France de l'Angleterre, la Manche; — à l'O. l'Océan Atlantique et le golfe de Gascogne; — au S. les Pyrénées qui la séparent de l'Espagne, la M. Méditerranée; — à l'E. les Alpes qui la séparent de l'Italie, la Suisse, l'Allemagne et la Prusse rhénane.

La France est actuellement divisée en **89 Départements**.

(*Explication des signes :* ǂ archevêché, † évêché, **A.** académie, **C.** cour impériale, **Pc.** port de commerce, **Pm.** port militaire, **Vc.** ville commerçante, **Vf.** ville fortifiée, **Vm.** ville manufacturière.

N. B. *Les noms écrits en caractère italique ne s'apprendront point par cœur.*)

10 **Bassin du Rhin.**

9 DÉPARTEMENTS.

11 HAUT-RHIN, COLMAR **C.** (*toiles peintes*); Belfort **Vf.**, Mulhouse (*toiles peintes*). — *Sainte-Marie-aux-Mines* (*argent, cuivre et plomb*), *Altkirk*.

12 BAS-RHIN, STRASBOURG *sur l'Ill*, † **A. Vf.** et c. (*quincaillerie ; — faculté de médecine, fonderie de canons*); Wissembourg **Vf.**, Saverne, Schelestadt **Vf.**

13 VOSGES, ÉPINAL *sur la Moselle* (*papeteries*) ; Neufchâteau, Mirecourt, Saint-Dié †, Remiremont. — *Plombières* (*eaux minérales*).

14 MEURTHE, NANCY *près de la Meurthe* † **A. C.** (*broderies*); Château-Salins (*salines*), Toul, Sarrebourg, Lunéville (*cuirs*). — *Baccarat* (*cristaux*).

15 MOSELLE, METZ *sur la Moselle*, † **C. Vf.** et c. (*broderies*); Thionville **Vf.**, Briey, Sarreguemines (*faïence rouge*).

16 MEUSE, BAR-LE-DUC *sur l'Ornain* (*confitures*); Montmédy **Vf.**, Verdun † (*dragées*), Commercy.

17 ARDENNES, MÉZIÈRES *sur la Meuse*, **Vf.**; Rocroy **Vf.**, Sedan **Vf.** (*draps*), Réthel, Vouziers. — *Givet* **Vf.**, *Fumay* (*ardoises*), *Charleville* (*quincaillerie*).

18 NORD, LILLE **Vf.** (*dentelles, toiles, velours*); Dunkerque **Vf. Pc.**, Hazebrouck, Douai **A. C. Vf.** (*fonderie de canons ; — toiles*); Valenciennes **Vf.** (*batiste, dentelles*), Cambrai ǂ **Vf.** (*batiste, dentelles, toiles*), Avesnes **Vf.** — *Roubaix, Condé* **Vf.**, *Anzin* (*charbon de terre*); *Maubeuge sur la Sambre* **Vf.** (*armes*).

19 PAS-DE-CALAIS, ARRAS *sur la Scarpe*, † **Vf.** (*huile de graines*); Saint-Omer **Vf.**, Boulogne **Vf. Pc.**, Béthune **Vf.**, Montreuil, Saint-Pol. — *Calais* **Vf. Pc.**, *Aire* **Vf.**

20 **Bassin de la Seine.**

17 DÉPARTEMENTS.

21 CÔTE-D'OR, DIJON † **A. C.**; Châtillon-sur-Seine, Semur, Beaune **Vc.** (*vins*). — *Auxonne* **Vf.**, *Chambertin, Nuits, Pomard* et *Volnay auprès de Beaune* (*vins*).

22 AUBE, TROYES † **Vm.** (*bonneterie, draps, toiles*); Arcis-sur-Aube, Nogent-sur-Seine, Bar-sur-Aube, Bar-sur-Seine. — *Brienne*.

23 YONNE, AUXERRE *sur l'Yonne;* Sens ǂ, Joigny, Tonnerre (*vins*), Avallon. — *Chablis* (*vins blancs*).

24 HAUTE-MARNE, CHAUMONT *près de la Marne*, **Vf.** (*ganterie*); Vassy, Langres † **Vf.** (*coutellerie, quincaillerie*). — *Saint-Dizier* (*fonderies*), *Bourbonne-les-Bains* (*eaux minérales*).

25 MARNE, CHALONS *sur la Marne*, † **Vf.**: Reims ǂ (*biscuits, casimirs, laines, vins, — cathédrale*), Épernay (*vins de Champagne*), Sainte-Menehould, Vitry-le-Français, **Vf.** — *Montmirail* (*victoire en 1814*).

26 SEINE-ET-MARNE, MELUN *sur la Seine;* Meaux † (*fromages de Brie*), Coulommiers **Vc.** (*blé*), Provins, Fontainebleau (*belle forêt, château impérial*). — *Nemours, Montereau* (*faïence*).

27 SEINE, PARIS, *cap. de la France*, ǂ **A. C. Vf.** m. et c. (*Sainte-Geneviève, Hôtel de ville, Invalides, le Louvre et les Tuileries, la Madeleine et Notre-Dame, 1,576,000 habitants*); Saint-Denis (*ancienne abbaye*), Sceaux (*marché de bestiaux*). — *Neuilly-sur-Seine, Alfort* (*école vétérinaire*). *Choisy-le-Roi* (*cristaux*).

28 AISNE, LAON **Vf.**; Saint-Quentin **Vm.** (*batiste, gazes, lins, mousselines*), Vervins (*filatures, flanelles, — traité de 1598*), Soissons † **Vf.**, Château-Thierry *sur la Marne*. — *Saint-Gobain* (*glaces*), *la Ferté-Milon*.

29 OISE, BEAUVAIS *sur le Thérain*, † (*tapis, — cathédrale*); Compiègne (*château impérial, forêt*), Clermont, Senlis. — *Noyon, Creil* (*faïence*).

30 SEINE-ET-OISE, VERSAILLES † (*château impérial, musée historique, — horlogerie*); Pontoise *sur l'Oise*, Mantes *sur la Seine*, Rambouillet (*château impérial*), Corbeil, Étampes **Vc.** (*farines*). — *Poissy* (*naissance et baptême de saint Louis*), *Saint-Germain* (*château, forêt*), *Sèvres* (*porcelaine*), *Saint-Cloud et Meudon* (*châteaux impériaux*), *Saint-Cyr* (*école militaire*),

31 EURE-ET-LOIR, CHARTRES *sur l'Eure*, † (*grains, — cathédrale*); Dreux (*bataille de 1562*), Nogent-le-Rotrou, Châteaudun *sur le Loir*.

32 EURE, ÉVREUX † **Vc.**; Pont-Audemer **Vm.**, les Andelys, Louviers (*draps*), Bernay. — *Quillebeuf, Ivry* (*bataille, victoire de Henri IV, 1590*).

33 SEINE-INFÉRIEURE, ROUEN *sur la Seine*, ǂ **C. Vm. Pc.** (*filatures, rouenneries*); Dieppe **Pc.** (*ouvrages en ivoire*), Neufchâtel (*fromages*), Yvetot **Vm.**,

le Havre **Vf. Pc.** — *Le Tréport* **Pc.**, *Saint-Valery-en-Caux*, *Elbeuf* (*draps*).

34 Somme, Amiens *sur la Somme*, † C. (*casimirs, toiles, velours, etc.*); Abbeville (*moquettes, quincaillerie, toiles*). Doullens **Vf.**, Péronne **Vf.**, Montdidier. *Saint-Valery-sur-Somme*, *Ham* (*château-fort*).

35 Orne, Alençon *sur la Sarthe*, **Vm.** (*dentelles, toiles*); Argentan *sur l'Orne* (*dentelles*), Domfront, Mortagne (*toiles*). — *L'Aigle* (*épingles, quincaillerie*), *Séez* †.

36 Calvados, Caen *sur l'Orne*, A. C. **Vc.** (*dentelles*); Bayeux † (*dentelles*), Pont-l'Évêque, Lisieux (*cretonne, toiles*), Vire (*draps*), Falaise (*bonneterie*). — *Honfleur* **Pc.**

37 Manche, Saint-Lô *sur la Vire* (*toiles*); Cherbourg, *préfecture maritime*, **Pm.**, Valognes, Coutances †, Avranches, Mortain. — *Granville* **Pc. Vf.** (*huîtres*), *Mont-Saint-Michel* (*château-fort*).

38 **Bassin de la Loire**

21 départements.

39 Haute-Loire, **le Puy** † (*dentelles*); Brioude *sur l'Allier*, Yssengeaux (*mines de plomb*).

40 Loire, Saint-Étienne (*coutellerie, houillères, quincaillerie, rubannerie*); Roanne *sur la Loire* (*toiles*), Montbrison. — *Rive-de-Gier* (*produits métalliques, verrerie*).

41 Nièvre, Nevers † (*émaux, faïence, fers, quincaillerie*); Clamecy *sur l'Yonne*, Cosne *sur la Loire* (*coutellerie, vins*), Château-Chinon.

42 Puy-de-Dôme, Clermont-Ferrand † A. (*coutellerie, papeterie*, — *concile de* 1095); Riom C., Thiers (*coutellerie, papeterie et quincaillerie*), Issoire *sur l'Allier*, Ambert (*papeteries*).

43 Allier, Moulins *sur l'Allier*, † (*coutellerie*); Montluçon *sur le Cher* (*houillères*), la Palisse, Gannat. — *Bourbon-l'Archambault, Néris et Vichy* (*eaux minérales*).

44 Loiret, Orléans *sur la Loire*, † C. (*raffineries de sucre, vinaigre, vins*); Pithiviers (*safran*), Montargis *à la jonction des canaux d'Orléans, de Briare et du Loing*, Gien (*faïence*). — *Beaugency* (*vins*), *Briare, à la jonction du canal de Briare et de la Loire.*

45 Cher, Bourges ǂ C.; Sancerre, Saint-Amand-*Mont-Rond sur le Cher*, — *Vierzon* (*faïence, forges, porcelaines*).

46 Loir-et-Cher, Blois *sur la Loire*, † (*château*, — *cuirs*); Vendôme *sur le Loir*, Romorantin *en Sologne*.

47 Indre, Chateauroux *sur l'Indre* (*draps, fers, laines*); Issoudun (*draps*), le Blanc *sur la Creuse*, la Châtre.

48 Indre-et-Loire, Tours *sur la Loire*, ǂ (*pruneaux, soieries*); Chinon *sur la Vienne*, Loches. — *Amboise* (*château*).

49 Creuse, Guéret; Boussac, Bourganeuf (*porcelaines*), Aubusson *sur la Creuse* (*tapis*).

50 Haute-Vienne, Limoges *sur la Vienne*, † C. (*faïence, porcelaine*); Bellac, Rochechouart, Saint-Yrieix (*carrières de kaolin* ou *terre à porcelaine*).

51 Vienne, Poitiers † A. C. (*tanneries*); Loudun (*vins*), Châtellerault (*coutellerie, quincaillerie*), Montmorillon, Civray. — *Vouillé* (*victoire de Clovis en* 507).

52 Sarthe, le Mans *sur la Sarthe*, † (*bougie, toiles, volailles*); Mamers, Saint-Calais, la Flèche *sur le Loir* (*prytanée militaire*).

53 Mayenne, Laval *sur la Mayenne* † (*toiles*); Mayenne (*calicots, toiles*), Château-Gonthier

54 Maine-et-Loire, Angers, *sur la Maine* † C. (*ardoises*); Segré, Baugé, Cholet (*bœufs, toiles*). Saumur *sur la Loire* (*école de cavalerie*).

55 Loire-Inférieure, Nantes † **Pc.**; Châteaubriant, Savenay, Ancenis *sur la Loire*, Paimbœuf *sur la Loire*. — *Le Croisic* **Pc.** (*vins*), *Saint-Nazaire* (*magnifique bassin*).

56 Ille-et-Vilaine, Rennes ǂ A. C. (*toiles*); Saint-Malo **Vf. Pc.**, Fougères, Montfort, Vitré *près de la Vilaine*, Redon. — *Cancale* (*huîtres*).

57 Côtes du Nord, Saint-Brieuc † **Vc.**; Lannion, Guingamp **Vm.** (*toiles*), Dinan, Loudéac (*toiles*).

58 Morbihan, Vannes † **Pc.**; Napoléonville *sur le Blavet* (*toiles*), Ploërmel, Lorient, *préfecture maritime*, **Vf. Pm.** — *Port-Louis, Quiberon, Auray* (*bataille en* 1364). — I. de Groix (*fort*) et Belle-Ile (*fort*).

59 Finistère, Quimper †; Morlaix **Pc.**, Brest *préfecture maritime*, **Vf. Pm.** (*arsenal de marine*), Châteaulin, Quimperlé. — I. d'Ouessant.

60 **Bassin de la Garonne.**

20 départements.

61 Haute-Garonne, Toulouse *sur la Garonne*. ǂ A. C. (*fonderie de canons*); Muret, Villefranche-*de-Lauraguais*, Saint-Gaudens *sur la Garonne* (*maroquins*). — *Bagnères-de-Luchon* (*eaux minérales*).

62 Ariége, Foix, *sur l'Ariége*; Pamiers †, Saint-Girons; — *Tarascon, Ax* (*eaux minérales*).

63 Lozère, Mende *sur le Lot*, † (*serges*); Marvejols, Florac.

64 Aveyron, Rodez *sur l'Aveyron* † (*laine*); Espalion, Villefranche-*de-Rouergue*, Milhau *sur le Tarn*, Saint-Affrique. — *Roquefort* (*fromages*).

65 Tarn, Albi *sur le Tarn*, ǂ; Gaillac (*vins*), Lavaur (*soieries*), Castres (*draps, gants*).

66 Tarn-et-Garonne, Montauban *sur le Tarn* † **Vc.**; Moissac (*farines*), Castel-Sarrasin.

67 Hautes-Pyrénées, Tarbes *sur l'Adour*, †; Bagnères-*de-Bigorre* (*eaux minérales*), Argelès. — *Campan* (*marbre vert*), *Cauterets, Baréges* (*eaux minérales*).

68 Gers, Auch *sur le Gers*, ǂ; Condom, Lectoure, Mirande, Lombez.

69 Cantal, Aurillac (*chaudronnerie, dentelles*, — *mulets*); Mauriac, Murat, Saint-Flour †.

70 Lot, Cahors *sur le Lot*, † (*vins*); Gourdon, Figéac.

71 Lot-et-Garonne, Agen *sur la Garonne*, † C. (*pruneaux, toiles*); Marmande, Villeneuve-*d'Agen*, Nérac (*château*).

72 Corrèze, Tulle † (*armes à feu, dentelles*); Ussel, Brive-*la-Gaillarde sur la Corrèze*.

73 Dordogne, Périgueux *sur l'Isle*, † (*truffes*); Nontron, Riberac (*vins*), Sarlat, Bergerac *sur la Dordogne*.

74 Gironde, Bordeaux *sur la Garonne*, ǂ A. C. **Pc.** (*vins*, — *beau port*); Lesparre (*vins*), Blaye, Libourne **Pc.**, la Réole, Bazas. — *Coutras* (*victoire de Henri IV*, 1587), *la Teste sur le bassin d'Arcachon.*

75 Deux-Sèvres, Niort *sur la Sèvre niortaise* (*gants*); Bressuire, Partenay, Melle (*mulets*).

76 Vendée, Napoléon-Vendée; Sables-d'Olonne, Fontenay-le-Comte *sur la Vendée*. — *Luçon* †. — I. de Noirmoutier et I. d'Yeu (*fortifiées*).

77 Charente, Angoulême *sur la Charente*, † (*distilleries, papeteries*), Ruffec, Confolens, Cognac (*eaux-de-vie*), Barbezieux. — *Jarnac* (*bataille de* 1569).

78 Charente-Inférieure, La Rochelle † Pc. Vf. (*raffineries de sucre*); Rochefort *sur la Charente*, *préfecture maritime*, Pm. (*arsenal de marine*), Saint-Jean-d'Angély, Marennes Pc., Saintes (*eaux-de-vie*, — *antiquités*), Jonzac. — I. de Ré et I. d'Oléron (*fortifiées*).

79 Landes, Mont-de-Marsan *sur la Midouze*; Dax (*eaux thermales*), Saint-Sever *sur l'Adour*. — *Aire* †.

80 Basses-Pyrénées, Pau C.; Bayonne † Vf. Pc. (*chocolat, jambons*), Orthez, Mauléon, Oloron Vc. — *Biarritz*, *Saint-Jean-Pied-de-Port*, *Eaux-Bonnes*.

81 **Bassin du Rhône.**

21 départements.

82 Ain, Bourg-en-Bresse (*volailles*); Gex, Nantua, Trévoux *sur la Saône*, Belley †. — *Seyssel* (*mines d'asphalte*).

83 Doubs, Besançon *sur le Doubs*, ǂ A. C. Vf. (*horlogerie*); Montbéliard Vf. (*horlogerie*), Beaume-les-Dames, Pontarlier (*fromages de gruyère, horlogerie*).

84 Jura, Lons-le-Saulnier (*salines*); Dole *sur le Doubs*, Poligny, Saint-Claude † (*ouvrages en buis, corne et ivoire*). — *Salins* (*salines*), *Arbois* (*vins blancs*), *Septmoncel* (*taille de pierres précieuses*).

85 Haute-Saône, Vesoul; Lure, Gray *sur la Saône*. — *Luxeuil* (*eaux min.*)

86 Saône-et-Loire, Macon *sur la Saône* (*vins*); Autun † (*antiquités*), Châlon-sur-Saône Vc., Louhans, Charolles. — *Le Creuzot* (*cristaux, forges*), *Montcenis* (*fer, houille*).

87 Rhône, Lyon *sur le Rhône, deuxième ville de France*, ǂ A. C. Vf. et c. (*chapellerie, étoffes de soie, d'or et d'argent*); Villefranche-*sur-Saône* (*toiles peintes*). — *Tarare* (*broderies, mousselines*).

88 Isère, Grenoble *sur l'Isère*, † A. C. Vf. (*ganterie*); Vienne (*draps*), la Tour-du-Pin, Saint-Marcellin. — *La Grande-Chartreuse*, *Allevard* (*mines de fer*).

89 Haute-Savoie, Annecy † (*poterie, quincaillerie, verrerie*); Thonon *sur le lac de Genève*, Saint-Julien, Bonneville. — *Chamonix, au pied du mont Blanc*.

90 Savoie, Chambéry ǂ A. C. (*gazes de soie*); Albertville *sur l'Isère*, Moutiers † (*sel gemme*), Saint-Jean-de-Maurienne † (*fromages*). — *Aix-les-Bains*.

91 Drôme, Valence *sur le Rhône*, † Vf. et c.; Die, Montélimart, Nyons. — *L'Hermitage* (*vins*).

92 Ardèche, Privas † (*châtaignes, soie, truffes*); Tournon *sur le Rhône*, l'Argentière. — *Annonay* (*papeteries*), *Saint-Peray* (*vins*), *Aubenas* (*soie*), *Viviers* †.

93 Hautes-Alpes, Gap †; Briançon Vf., Embrun *sur la Durance*, Vf.

94 Basses-Alpes, Digne†; Barcelonnette, Sisteron Vf. Forcalquier, Castellane. — *Manosque* (*grande industrie*).

95 Vaucluse, Avignon ǂ Vm. (*château des papes*, — *soieries, toiles peintes*); Orange (*antiquités*), Carpentras, Apt.

96 Gard, Nimes † C. (*antiquités romaines*, *amphithéâtre*, *Maison Carrée*; — *soieries*); Alais *sur le Gard* (*houille, rubans de soie*), Uzès, le Vigan. — *Pont-Saint-Esprit*, *Beaucaire* (*foire*).

97 Bouches-du-Rhône, Marseille, *troisième ville de France*, † Vf. Pc. (*grand commerce, savon, sucre, etc.*); Arles (*antiquités*), Aix ǂ A. C. (*eaux minérales, huile d'olive*).

98 Var, Draguignan (*draps, huile d'olive*); Brignolles (*marrons de Lyon, prunes*), Toulon, *préfecture maritime*, Vf. Pm. (*huile, savon, vins*). — *Fréjus* †.

99 Alpes-Maritimes, Nice † Pc. (*fruits, huile d'olive et soie*); Puget-Théniers *sur le Var*, Grasse (*essence, huile d'olive, liqueurs, parfums*). — *Antibes* Vf. Pc. (*oliviers, orangers, tabacs*).

100 Pyrénées-Orientales, Perpignan † Vf. (*vins de Malvoisie*); Prades, Céret. — *Port-Vendres* Pc.

101 Aude, Carcassonne † (*draps, eaux-de-vie*); Castelnaudary *sur le canal du Midi*, Narbonne (*miel*), Limoux (*vins blancs*).

102 Hérault, Montpellier † A. C., *faculté de médecine* (*eaux-de-vie, produits chimiques, vert-de-gris, vins*); Lodève (*gants, draps*), Saint-Pons (*marbres*), Béziers Vc. (*eaux-de-vie*). — *Lunel* et *Frontignan* (*vins*), *Cette* Vf. Pc. et *Agde*.

103 Corse, Ajaccio † Pm.; Bastia C. Vf. Pc., Calvi, Corté, Sartène.

FRANCE MILITAIRE.

104 L'Empire français se partage aujourd'hui en **7 Arrondissements** militaires, formés de 23 Divisions en y comprenant l'Algérie.

105 **1er Arrondissement**, ch.-l. **Paris**; il renferme 2 Divisions : la 1re dont le siége est à Paris (*Seine*), et la 2e dont le siége est à Rouen (*Seine-Inférieure*).

106 **2e Arrondissement**, ch.-l. **Lille**; 2 Divisions : la 3e à Lille (*Nord*), et la 4e à Châlons (*Marne*).

107 **3e Arrondissement**, ch.-l. **Nancy**; 3 Divisions : la 5e à Metz (*Moselle*), la 6e à Strasbourg (*Bas-Rhin*), et la 7e à Besançon (*Doubs*).

108 **4e Arrondissement**, ch.-l. **Lyon**; 6 Divisions : la 8e à Lyon (*Rhône*), la 9e à Marseille (*Bouches-du-Rhône*), la 10e à Montpellier (*Hérault*), la 17e à Bastia (*Corse*), la 20e à Clermont (*Puy-de-Dôme*), et la 22e à Grenoble (*Isère*).

109 **5e Arrondissement**, ch.-l. **Tours**; 5 Divisions : la 13e à Nantes (*Loire-Inférieure*), la 16e à Rennes (*Ille-et-Vilaine*), la 18e à Tours (*Indre-et-Loire*), la 19e à Bourges (*Cher*), et la 21e à Limoges (*Haute-Vienne*).

110 **6e Arrondissement**, ch.-l. **Toulouse**; 4 Divisions : la 11e à Perpignan (*Pyrénées-Orientales*), la 12e à Toulouse (*Haute-Garonne*), la 13e à Bayonne (*Basses-Pyrénées*), et la 14e à Bordeaux (*Gironde*).

111 **7e Arrondissement**, ch.-l. **Alger**; il comprend toute l'Algérie.

CHEMINS DE FER FRANÇAIS.

112 **Ligne des Ardennes**, de Paris à Givet, par Soissons, Reims, Rethel et Mézières.

112 *bis.* **Ligne du Nord**, de Paris sur Bruxelles, par Saint-Denis, Creil, Clermont, Amiens, Arras et Douai (218 kil.); là elle forme deux sections, l'une sur Valenciennes et l'autre sur Lille et Gand. La Ligne du Nord a trois embranchements : le premier, à Creil, sur Compiègne, Noyon, Saint-Quentin, Maubeuge (220 kil.), Liége, etc.; le deuxième, à Amiens, sur Abbeville et Boulogne (254 kil.); le troisième, à Lille, sur Hazebrouck où il se bifurque sur Calais et sur Dunkerque.

113 **Ligne de l'Ouest (Normandie)**, de Paris au Havre (228 kil.), par Poissy, Mantes, près de Louviers, près d'Elbeuf, par Rouen et Yvetot. Embran-

chements sur Versailles (*rive droite*, 23 kil.), sur Saint-Germain (20 kil.), sur Dieppe (201 kil.); embranchement à Mantes sur Cherbourg (371 kil.), par Évreux, Bernay, Lisieux, Caen, Bayeux et Valognes; et, à Lisieux sur Honfleur, par Pont-l'Évêque.

114 **Ligne de l'Ouest (Bretagne)**, de Paris à Brest (578 kil.), par Versailles (*rive gauche*), Saint-Cyr, Rambouillet, Chartres, Nogent-le-Rotrou, le Mans, Laval, Rennes et Montfort. Embranchement au Mans sur Honfleur, par Alençon, Argentan, Lisieux et Pont-l'Évêque.

115 **Ligne d'Orléans** (121 kil.), par Étampes. A Orléans commencent les deux lignes de Bordeaux et du Centre. La Ligne de Bordeaux (578 kil.) prend naissance à Orléans par Beaugency, Blois, Amboise, Tours, Châtellerault, Poitiers, Ruffec, Angoulême, Coutras et Libourne avec embranchement à Tours sur le Mans, sur Saint-Nazaire (494 k.), par Saumur, Angers, Ancenis, Nantes et Savenay; à Poitiers sur la Rochelle et Rochefort (474 k.) par Niort.

116 De Bordeaux un autre chemin de fer conduit à Arcachon, à Bayonne (783 kil.) par Dax, et sur l'Espagne par Biarritz. De Dax un autre embranchement ira sur Saragosse par Orthez, Pau et Oloron.

117 **La Ligne du Centre** se dirige à Orléans sur Vierzon où elle se partage en deux sections : l'une se dirige encore sur Bordeaux (611 kil.) par Issoudun, Châteauroux, Limoges, Périgueux et Coutras : l'autre sur Lyon par Bourges, le Guétin, Moulins, Gannat, Riom, Clermont-Ferrand, Issoire et Brioude (136 kil.). Un embranchement va du Guétin à Nevers (302 kil.), un autre entre la Palisse et Vichy, par Roanne, Saint Étienne, Rive-de-Gier et Lyon.

118 **Le Grand Central**, entre Bordeaux et Lyon, passera par Coutras, Périgueux, Brives, Aurillac, Murat, Brioude, le Puy et Saint-Étienne.

119 **Ligne du Midi**, de Bordeaux à Marseille (680 kil.), par la Réole, Marmande, Agen, Moissac, Montauban, Toulouse, Villefranche, Castelnaudary, Carcassonne, Narbonne, Béziers, Agde, Cette, Montpellier, Nîmes et Tarascon. De Narbonne se détache une ligne sur Barcelonne par Perpignan, et une autre de Nîmes à Alais.

120 **Ligne de Lyon ou du Sud-Est**, de Paris à la Méditerranée, par Melun, Fontainebleau, Montereau, Sens, Joigny, Tonnerre, Dijon, Beaune, Chalon, Mâcon, Villefranche. Lyon (512 kil.), Vienne, Valence, Montélimart, Orange, Avignon, Tarascon, Arles et Marseille (862 kil.). La Ligne du Bourbonnais, sur Lyon, commence à Montereau, par Montargis, Nevers, Moulins, Roanne, Saint-Étienne, Rive-de-Gier. Il y a encore un embranchement après Joigny sur Auxerre; à Dijon sur Dole et Besançon, avec ligne particulière d'Auxonne à Chaumont par Gray; à Mâcon sur Ambérieux par Bourg; à Lyon, le Victor-Emmanuel par Ambérieux, Chambéry, etc., entre Vienne et Valence pour Grenoble; avant Marseille pour Aix, et à Marseille sur Nice par Toulon.

121 **Ligne de Mulhouse** (491 kil.), par Nogent-sur-Seine, Troyes, Bar-sur-Aube, Chaumont, Langres, Vesoul et Belfort.

122 **Ligne de l'Est ou de Strasbourg** (502 kil.). Elle passe à Meaux, Château-Thierry, Epernay, Châlons-sur-Marne, Vitry-le-Français, Bar-le-Duc, Commercy, Toul, Nancy, Lunéville, Sarrebourg et Saverne.

123 Un embranchement à Épernay va sur Laon et sur Mézières par Reims; à Vitry-le-Français sur Chaumont; avant Nancy sur Metz, Wiesbaden, etc., et après Nancy sur Épinal. A Strasbourg se détache le chemin d'Alsace qui passe à Schelestadt, Colmar, Mulhouse, Bâle, etc.

COLONIES FRANÇAISES.

124 **Population.** 600,000 habitants, non compris ceux de l'Algérie, qui, elle seule, en renferme 3,000,000.

125 Asie. *Dans l'Indoustan* : Chandernagor, Yanaon, Mahé, Pondichéry et Karikal. *En Cochinchine* : la Basse-Cochinchine, Saïgon, Mytho, etc.

126 Afrique. Toute l'Algérie ou Afrique française. — *Sur les côtes du Sahara:* rade de Portendic. — *Dans le Sénégal* : Fort-Saint-Louis, Galam, Gorée et Abréda — *Dans la mer des Indes :* I. Mayotte. I. Nossi-bé. quelques établissements dans l'île de Madagascar, I. Sainte-Marie et I. de la Réunion (Bourbon).

127 Amérique. Is Saint-Pierre et Miquelon. — *Parmi les Antilles:* la Guadeloupe, la Désirade, Marie-Galande, îles Saintes et la Martinique. — Cayenne *dans la Guyane française.*

128 Océanie. *Dans la Mélanésie :* la Nouvelle Calédonie. — *Dans la Polynésie:* l'Arch. des Marquises ou de Mendana, l'Arch. de Taïti et les Is Gambier.

PARTIE PHYSIQUE

129 **Superficie.** — 541,636 kilomètres carrés.

130 **Mers.** — Au N. la Mer du Nord, au **N. O.** la **Manche**, à l'O. l'Océan Atlantique, et au S. la Méditerranée.

131 **Détroit.** — Le Pas-de-Calais.

132 **Golfes.** — G. de Gascogne et G. du Lion.

133 **Fleuves.** — La France est physiquement partagée en **5** *bassins principaux* auxquels se rattachent quelques *bassins secondaires*. 1° *Le bassin du Rhin* avec *les bassins secondaires de l'Escaut et de la Meuse*. Le Rhin reçoit en France l'Ill, la Lauter et la Moselle grossie de la Meurthe et de la Sarre, R. G.

134 2° *Le bassin de la Seine, dont les bassins secondaires sont : la Somme, l'Orne et la Vire.* La Seine reçoit l'Aube, R. D., l'Yonne, R. G., la Marne, l'Oise grossie de l'Aisne, R. D., et l'Eure, R. G.

135 3° *Le bassin de la Loire, dont les bassins secondaires sont : le Blavet et la Vilaine, grossie de l'Ille.* La Loire reçoit la Nièvre, R. D., l'Allier, le Loiret, le Cher, l'Indre, la Vienne, grossie de la Creuse, R. G., la Maine, formée de la Mayenne, de la Sarthe et du Loir, R. D., et la Sèvre-Nantaise R. G.

136 4° *Le bassin de la Garonne* auquel se relient 3 *bassins secondaires : la Sèvre-Niortaise* grossie de la Vendée, *la Charente et l'Adour*. La Garonne reçoit l'Ariége, le Tarn grossi de l'Aveyron, R. D., le Gers, R. G., le Lot, et la Dordogne grossie de la Vézère, qui reçoit elle-même la Corrèze, R. D., et se jette dans l'Océan, sous le nom de Gironde.

137 5° *Le bassin du Rhône a pour bassins secondaires : l'Aude, l'Hérault et le Var.* Le Rhône reçoit l'Ain, la Saône grossie du Doubs, R. D., l'Isère, la Drôme, l'Ardèche, la Sorgues (formée de la Fontaine de Vaucluse), la Durance, R. G., et le Gard, R. D.

138 **Canaux.** Le canal de Nantes à Brest, le canal du Languedoc ou du Midi, le canal du Rhône au Rhin ou de l'Est, le canal de la Marne au Rhin, le canal de Saint-Quentin, le canal d'Orléans ou de Briare, le canal du Nivernais, le canal de Bourgogne et le canal du Centre.

139 **Lac.** Du Grand-Lieu (Loire-Inférieure).

140 **Montagnes.** Les Alpes, le Jura, la Côte-d'Or, les Cévennes et les Pyrénées.

N. B. *Pour plus de détails, voyez la deuxième partie : France physique par bassins, page 73*.*

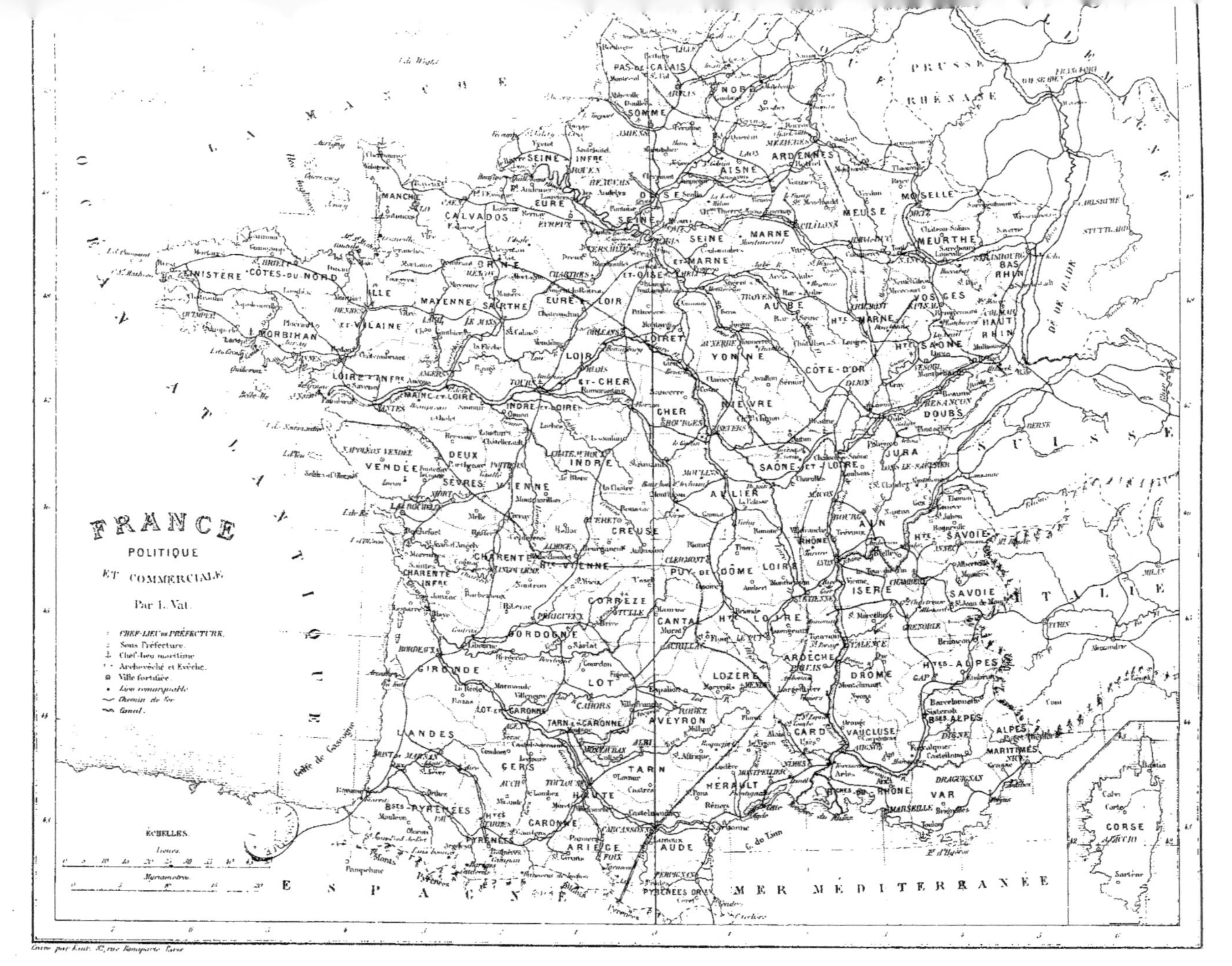
FRANCE
POLITIQUE
ET COMMERCIALE
Par L. Vat.
CHEF-LIEU DE PRÉFECTURE.
Sous Préfecture.
Chef-lieu maritime
Archevêché et Evêché.
Ville fortifiée.
Lieu remarquable
Chemin de fer
Canal.
ECHELLES.
Lieues.
Myriamètres.
OCÉAN ATLANTIQUE
LA MANCHE
MER MÉDITERRANÉE
ESPAGNE
SUISSE
ITALIE
PRUSSE RHÉNANE
CORSE
PAS-DE-CALAIS
NORD
SOMME
SEINE INFRE
AISNE
ARDENNES
MOSELLE
MEUSE
MEURTHE
BAS RHIN
HAUT RHIN
VOSGES
CALVADOS
MANCHE
EURE
OISE
SEINE
SEINE ET MARNE
MARNE
SEINE-ET-OISE
FINISTÈRE
CÔTES-DU-NORD
ILLE ET-VILAINE
MORBIHAN
MAYENNE
SARTHE
ORNE
EURE-ET-LOIR
AUBE
HTE MARNE
HTE SAÔNE
LOIRET
YONNE
CÔTE-D'OR
DOUBS
JURA
LOIRE-INFRE
MAINE-ET-LOIRE
INDRE-ET-LOIRE
LOIR ET-CHER
CHER
NIÈVRE
SAÔNE-ET-LOIRE
VENDÉE
DEUX SÈVRES
VIENNE
INDRE
ALLIER
AIN
HTE SAVOIE
SAVOIE
CREUSE
CHARENTE
CHARENTE INFRE
HTE VIENNE
PUY DE DÔME
LOIRE
RHÔNE
ISÈRE
CORRÈZE
CANTAL
HTE LOIRE
DORDOGNE
GIRONDE
LOT
LOZÈRE
ARDÈCHE
DRÔME
HTES-ALPES
BSES ALPES
ALPES MARITIMES
LOT-ET-GARONNE
TARN-ET-GARONNE
AVEYRON
GARD
VAUCLUSE
LANDES
GERS
TARN
HÉRAULT
BOUCHES DU RHÔNE
VAR
HTE GARONNE
BSES-PYRÉNÉES
HTES PYRÉNÉES
ARIÈGE
AUDE
PYRÉNÉES ORLES
Golfe de Gascogne
G. du Lion
Gravé par Laut. 37, rue Bonaparte, Paris

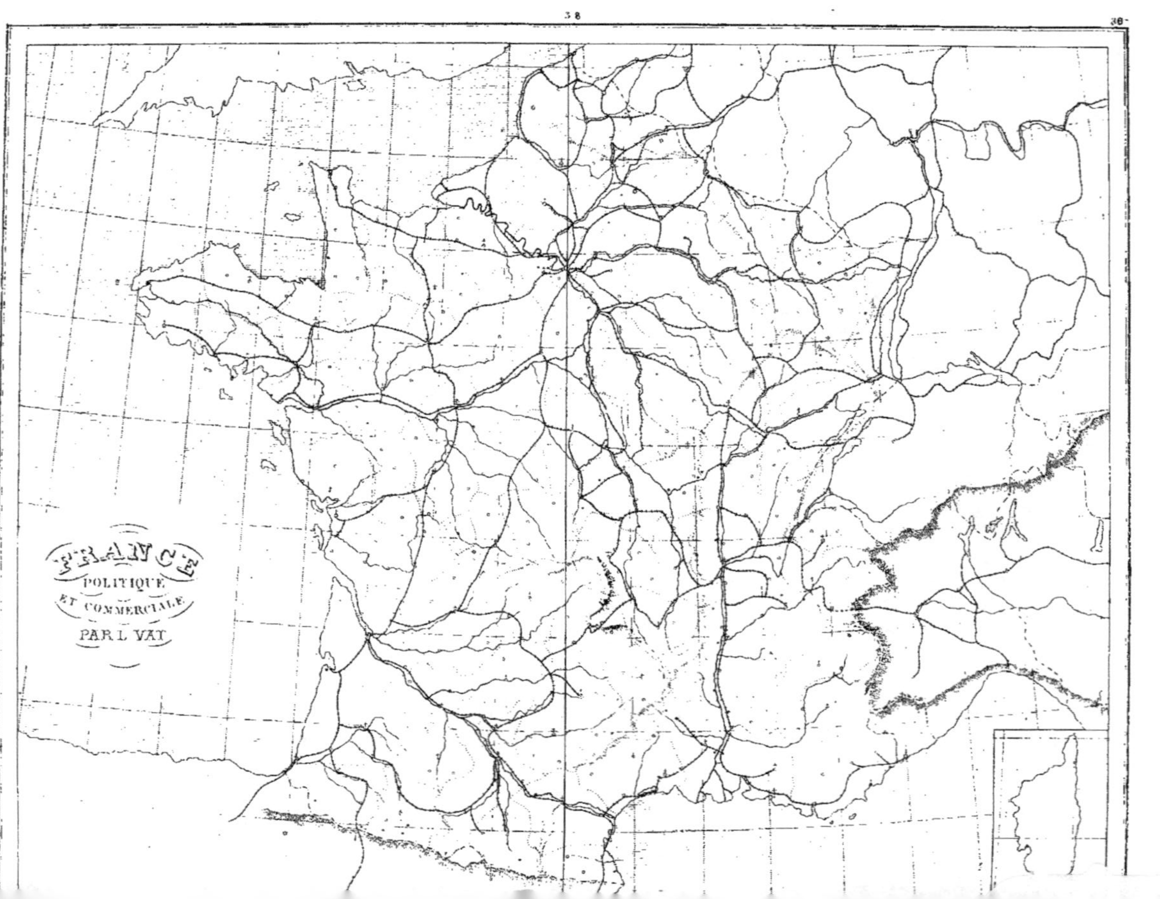
FRANCE
POLITIQUE
ET COMMERCIALE
PAR L. VAT
38
30

FRANCE HISTORIQUE

1 La France avant **1790** était divisée en **40 Gouvernements**, dont **32 grands** et **8 petits**, qu'on peut répartir en **5** régions.

2 **Région du Nord.**

Flandre, Lille (*Nord*). **1668**. Conquise sur les Espagnols, sous Louis XIV.

3 Artois, Arras (*Pas-de-Calais*). **1679**. Restitué à la France par le traité de Nimègue, sous Louis XIV.

4 Picardie, Amiens (*Somme*). **1463**. Réunie à la couronne sous Louis XI.

5 Normandie, Rouen (*Seine-Inférieure, Eure, Calvados, Orne* et *Manche*). **1203**. Confisquée sur Jean Sans-Terre, sous Philippe-Auguste.

6 Ile-de-France, Paris (*Oise, Aisne, Seine-et-Oise, Seine, Seine-et-Marne*). **987**. Domaine originaire de la couronne sous Hugues-Capet.

7 Champagne, Troyes (*Ardennes, Marne, Aube, Haute-Marne*). **1284**. Réunie à la couronne par le mariage de Philippe IV avec Jeanne, reine de Navarre et comtesse de Champagne.

8 Lorraine, Nancy (*Meuse, Moselle, Meurthe, Vosges*). **1776**. Acquise par héritage à la mort de Stanislas, beau-père de Louis XV.

9 **Région de l'Ouest.**

Bretagne, Rennes (*Finistère, Côtes-du-Nord, Morbihan, Ille-et-Vilaine, Loire-Inférieure*). Réunie à la couronne par le mariage de Charles VIII avec Anne de Bretagne.

10 Maine, le Mans (*Mayenne, Sarthe*). **1584**. Acquis par l'héritage de François, duc d'Alençon, sous Henri III.

11 Anjou, Angers (*Maine-et-Loire*). **1482**. Acquis par l'héritage de René, roi de Sicile et comte d'Anjou, sous Louis XI.

12 Poitou, Poitiers (*Vendée, Deux-Sèvres, Vienne*). **1372**. Conquis sur les Anglais sous Charles V.

13 Aunis, la Rochelle (*Charente-Inférieure*). **1373**. Conquis sur les Anglais, sous Charles V.

14 Saintonge et Angoumois, Saintes et Angoulême (*Charente-Inférieure, Charente*). **1375**. Conquis sur les Anglais, sous Charles V.

15 **Région du Centre.**

Orléanais, Orléans (*Eure-et-Loir, Loiret, Loir-et-Cher*). **987**. Domaine originaire de la couronne sous Hugues Capet.

16 Touraine, Tours (*Indre-et-Loire*). 1203. Confisquée sur Jean Sans-Terre, sous Philippe-Auguste.

17 Berry, Bourges (*Indre, Cher*). **1101**. Acquis par Philippe Ier de Herpin, vicomte de Bourges.

18 Nivernais, Nevers (*Nièvre*). **1789**. Réuni à la couronne par l'extinction de la féodalité sous Louis XVI.

19 Bourbonnais, Moulins (*Allier*). **1523**. Confisqué sur le connétable de Bourbon, sous François Ier.

20 Marche, Guéret (*Creuse*). **1525**. Confisquée sur le connétable de Bourbon, sous François Ier.

21 Limousin, Limoges (*Haute-Vienne, Corrèze*). **1639**. Conquis sur les Anglais, sous Charles V.

22 Auvergne, Clermont (*Puy-de-Dôme, Cantal*). **1610**. Réunie à la couronne par Louis XIII, qui la tenait de Marguerite de Valois.

23 **Région de l'Est.**

Alsace, Strasbourg (*Bas-Rhin, Haut-Rhin*). **1648**. Conquise sur l'Autriche, sous Louis XIV.

24 Bourgogne, Dijon (*Yonne, Côte-d'Or, Saône-et-Loire, Ain*). **1479**. Acquise par l'héritage de Charles-le-Téméraire, dernier duc de Bourgogne, sous Louis XI.

25 Franche-Comté, Besançon (*Haute-Saône, Doubs, Jura*). **1678**. Conquise sur les Espagnols, sous Louis XIV.

26 Lyonnais, Lyon (*Loire, Rhône*). **1312**. Acquis sous Philippe IV.

27 **Région du Sud.**

Guyenne et Gascogne, Bordeaux et Auch (*Dordogne, Gironde, Lot-et-Garonne, Lot, Tarn-et-Garonne, Aveyron, Landes, Gers, Hautes-Pyrénées*). Conquises sur les Anglais, sous Charles VII.

28 Béarn, Pau (*Basses-Pyrénées*). **1589**. Domaine de Henri IV.

29 Comté de Foix, Foix (*Ariège*). **1589**. Domaine de Henri IV.

30 Roussillon, Perpignan (*Pyrénées-Orientales*). **1642**. Conquis sur les Espagnols, sous Louis XIII.

31 Languedoc, Toulouse (*Haute-Garonne, Tarn, Aude, Hérault, Gard, Lozère, Haute-Loire, Ardèche*). **1276**. Acquis par l'héritage du comte de Poitiers, sous Philippe-le-Hardi, son neveu.

32 Dauphiné, Grenoble (*Isère, Drôme, Hautes-Alpes*). **1349**. Cédé par Humbert II, sous Philippe VI.

33 Savoie, Chambéry (*Haute-Savoie, Savoie*). **1860**. Cédée par Victor-Emmanuel, en échange de la Lombardie, sous Napoléon III.

34 Comtat-Venaissin, Avignon (*Vaucluse*). **1791**. Confisqué sur le Pape, sous l'Assemblée Constituante.

35 Provence, Aix (*Basses-Alpes, Bouches-du-Rhône, Var*). **1481**. Acquise par l'héritage de René-le-Bon, sous Louis XI.

36 Comté de Nice, Nice (*Alpes-Maritimes*). **1860**. Cédé par Victor-Emmanuel, en échange de la Lombardie, sous Napoléon III.

37 **Les 8 petits Gouvernements étaient :**

BOULOGNE ET BOULONAIS (*Picardie*).

PRINCIPAUTÉ DE SEDAN (*Champagne*).

LE HAVRE (*Normandie*).

LA VICOMTÉ DE PARIS (*Ile-de-France*).

METZ ET VERDUN (*Lorraine*).

TOUL (*Lorraine*).

SAUMUR ET SAUMUROIS (*Anjou*).

CORSE, BASTIA. 1768. Cédée par la république de Gênes, sous LOUIS XV.

38 **GRANDES BATAILLES LIVRÉES EN FRANCE.**

39 **(Du Ve au XIVe siècle. — Commencements de la Monarchie.)**

40 CHALONS (Champagne, *Marne*), **451**, gagnée par MÉROVÉE sur Attila, roi des Huns.

41 SOISSONS (Ile-de-France, *Aisne*), **486**, gagnée par CLOVIS Ier sur Syagrius, général romain.

42 POITIERS (Poitou, *Vienne*). **732**, gagnée par Charles-Martel sur Abdérame, général des Sarrasins.

43 FONTENAY ou FONTANET (Champagne, *Yonne*), **841**, gagnée par CHARLES II le Chauve et son frère Louis de Bavière sur l'empereur Lothaire, leur frère.

44 BOUVINES (Flandre, *Nord*), **1214**, gagnée par PHILIPPE-AUGUSTE sur Othon IV, empereur d'Allemagne, et ses alliés.

45 TAILLEBOURG (Saintonge, *Charente-Inférieure*), **1242**, gagnée par SAINT LOUIS sur Henri III, roi d'Angleterre.

46 MONS-EN-PUELLE (Flandre, *Nord*), **1304**, gagnée par PHILIPPE IV le Bel sur les Flamands.

47 **(Du XIVe au XVe siècle. — Guerre de Cent-Ans.)**

48 CRÉCY (Picardie, *Somme*), **1346**, gagnée par Édouard III, roi d'Angleterre, sur PHILIPPE VI.

49 POITIERS (Poitou, *Vienne*), **1356**, gagnée par le Prince Noir, fils d'Édouard III, roi d'Angleterre, sur JEAN II le Bon.

50 COCHEREL (Normandie, *Eure*), **1364**, gagnée par Du Guesclin sur les troupes de Charles-le-Mauvais, roi de Navarre, sous CHARLES V.

51 AZINCOURT (Artois, *Pas-de-Calais*), **1415**, gagnée par Henri V, roi d'Angleterre, sur le connétable d'Albret, sous CHARLES VI.

52 VERNEUIL (Normandie, *Eure*), **1424**, gagnée par le duc de Bedford, général des Anglais, sur CHARLES VII.

53 PATAY (Orléanais, *Loiret*), **1429**, gagnée par Jeanne d'Arc sur Talbot, général anglais, sous CHARLES VII.

54 NANCY (Lorraine, *Meurthe*), **1477**, gagnée par René, duc de Lorraine, sur Charles-le-Téméraire, duc de Bourgogne, sous LOUIS XI.

55 GUINEGATE (Artois, *Pas-de-Calais*), **1513**, gagnée par Henri VIII, roi d'Angleterre, sur les Français, sous LOUIS XII.

RENTY (Artois, *Pas-de-Calais*), **1554**, gagnée par HENRI II sur Charles-Quint.

56 **(XVIe siècle. — Guerres de Religion.)**

57 DREUX (Ile-de-France, *Eure-et-Loir*), **1562**, gagnée par le duc François de Guise sur le prince de Condé, chef des Huguenots, sous CHARLES IX.

58 JARNAC (Angoumois, *Charente*), **1569**, gagnée par le duc d'Anjou, frère de CHARLES IX, sur le prince de Condé.

59 COUTRAS (Guyenne, *Gironde*), **1587**, gagnée par Henri IV, alors roi de Navarre, sur le duc de Joyeuse, favori de HENRI III.

60 ARQUES (Normandie, *Seine-Inférieure*), **1589**, gagnée par HENRI IV, roi de France, sur le duc de Mayenne, chef des ligueurs.

61 IVRY (Normandie, *Eure*), **1590**, gagnée par HENRI IV sur le duc de Mayenne, chef des ligueurs.

62 FONTAINE-FRANÇAISE (Bourgogne, *Côte-d'Or*), **1595**, gagnée par HENRI IV sur Mayenne joint aux Espagnols.

63 **(XVIIe siècle. — Guerre de Trente Ans.)**

64 LA MARFÉE (Champagne, *Ardennes*), **1641**, gagnée par le comte de Soissons révolté, sur le maréchal de Châtillon, général de LOUIS XIII.

65 ROCROY (Champagne, *Ardennes*), **1643**, gagnée par le duc d'Enghien, appelé depuis le Grand Condé, sur don Francisco de Melos, général des Espagnols, sous LOUIS XIV.

66 LENS (Artois, *Pas-de-Calais*), **1648**, gagnée par le Grand Condé sur les Espagnols, sous LOUIS XIV.

67 DUNES (Flandre, *Nord*), **1658**, gagnée par Turenne sur le prince de Condé révolté et don Juan d'Autriche, chef des Espagnols, sous LOUIS XIV.

68 LA HOUGUE (Normandie, *Manche*), **1692**, gagnée par les Anglais sur Tourville, amiral français, sous LOUIS XIV.

79 MALPLAQUET (Flandre, *Nord*), **1709**, gagnée par Marlborough et le prince Eugène sur Villars, général des Français, sous LOUIS XIV.

70 **(1701-1713. — Succession d'Espagne.)**

71 DENAIN (Flandre, *Nord*). **1712**, gagnée par Villars, général de Louis XIV, sur le prince Eugène et sur le duc d'Albemarle qui commandait les Hollandais.

72 VALMY (Champagne, *Marne*), **1792**, gagnée par Dumouriez, qui commandait les Français, sur les Prussiens, sous la 1re RÉPUBLIQUE.

73 MONTMIRAIL (Champagne, *Marne*), **1814**, gagnée par NAPOLÉON Ier sur les Alliés.

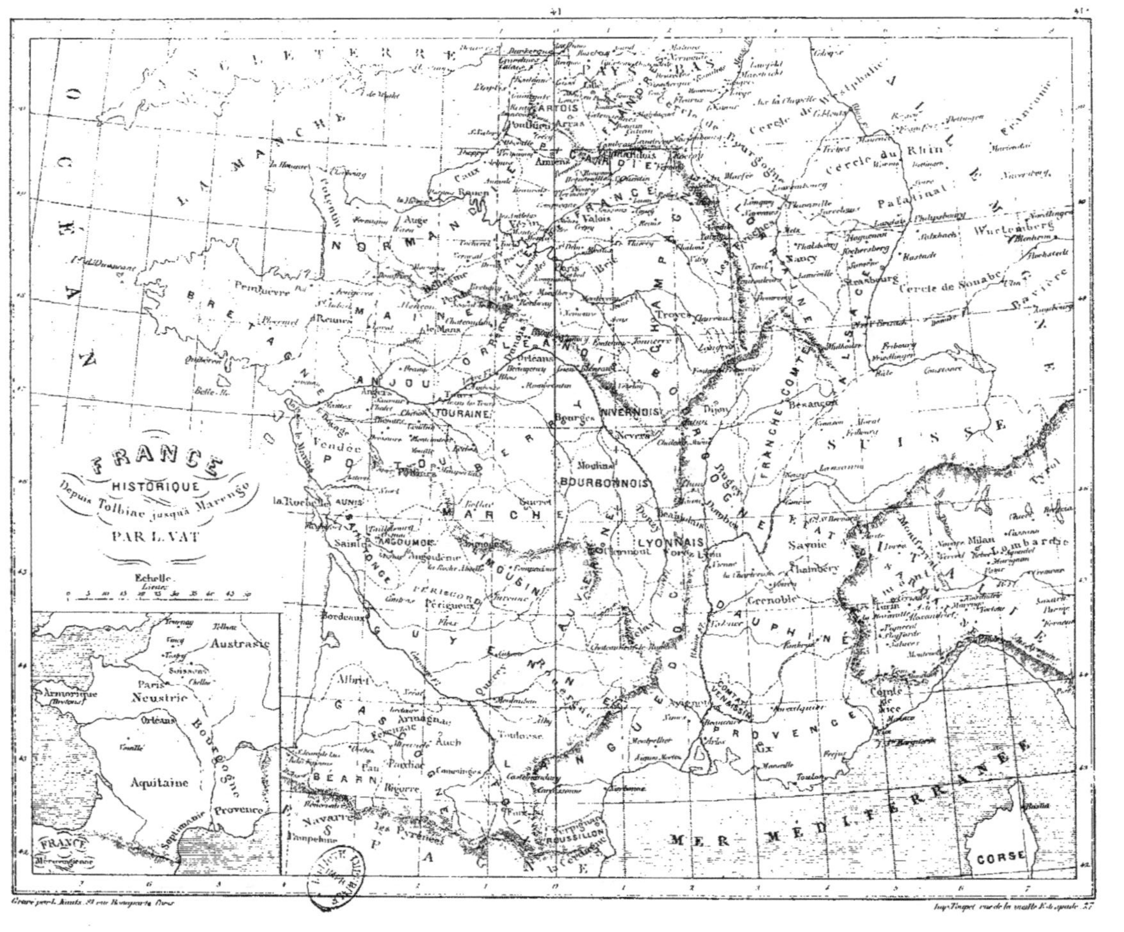
FRANCE
HISTORIQUE
Depuis Tolbiac jusqu'à Marengo
PAR L. VAT
Echelle
OCÉAN
LA MANCHE
ANGLETERRE
PAYS-BAS
ARTOIS
PICARDIE
FRANCE
NORMANDIE
BRETAGNE
MAINE
ANJOU
TOURAINE
ORLÉANOIS
POITOU
BERRY
NIVERNOIS
BOURBONNOIS
MARCHE
LIMOUSIN
AUNIS
SAINTONGE
ANGOUMOIS
PÉRIGORD
GUYENNE
GASCOGNE
BÉARN
NAVARRE
LANGUEDOC
ROUSSILLON
FOIX
AUVERGNE
LYONNAIS
BOURGOGNE
CHAMPAGNE
LORRAINE
ALSACE
FRANCHE COMTÉ
SUISSE
DAUPHINÉ
PROVENCE
COMTAT VENAISSIN
ÉTATS SARDES
ITALIE
ALLEMAGNE
ESPAGNE
MER MÉDITERRANÉE
CORSE
Comté de Nice
Lombardie
Savoie
Tyrol
Cercle du Rhin
Cercle de Souabe
Palatinat
Wurtemberg
Bavière
Cercle de Westphalie
Cercle de Bourgogne
Paris
Rouen
Amiens
Arras
Rennes
Le Mans
Orléans
Tours
Bourges
Nevers
Moulins
Dijon
Troyes
Besançon
Nancy
Strasbourg
Lyon
Grenoble
Poitiers
Bordeaux
Auch
Toulouse
Pau
Aix
Toulon
Nantes
Vendée
Cotentin
Caux
Belle-Ile
Brest
Armorique (Bretons)
Neustrie
Austrasie
Bourgogne
Aquitaine
Provence
Septimanie
Orléans
Soissons
FRANCE Mérovingienne
Gravé par L. Jouts, 31 rue Bonaparte, Paris
Imp. Vinquet, rue de la vieille Estrapade 27

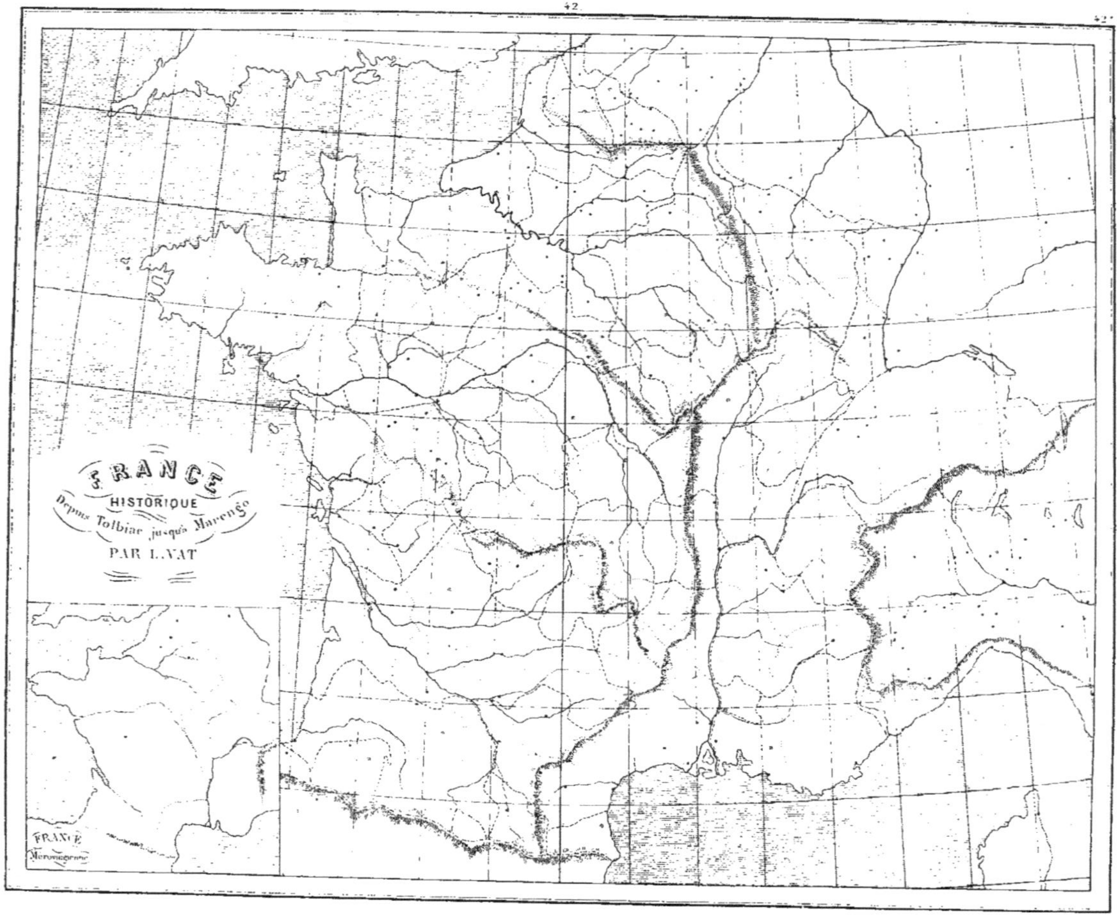

42
FRANCE
HISTORIQUE
Depuis Tolbiac jusqu'à Marengo
PAR L.VAT
FRANCE
Mérovingienne

EUROPE HISTORIQUE

1 **Grandes Batailles de notre histoire livrées hors de France.**

2 **(Du Ve au XIVe siècle. — Commencement de la Monarchie.)**

3 Tolbiac (*Germanie IIe, appelée depuis Austrasie.*), **496**, gagnée par Clovis Ier sur les Alémans.

4 Roncevaux (*Espagne*), **778**, gagnée par les Sarrasins sur l'arrière-garde de Charlemagne.

5 La Massoure (*Égypte*), **1250**, gagnée par les Sarrasins sur Saint Louis, qui y fut fait prisonnier.

6 Courtray (*Pays-Bas*), **1302**, gagnée par les Flamands révoltés sur le comte d'Artois, sous Philippe IV le Bel.

7 L'Écluse (*Hollande*), **1340**, gagnée par Édouard III, roi d'Angleterre sur la flotte de Philippe VI.

8 **(Du XIVe au XVe siècle. — Guerre de Cent-Ans.)**

9 Navarette (*Espagne*), **1367**, gagnée par le Prince Noir et Pierre-le-Cruel sur Henri de Transtamare et Du Guesclin qui y fut fait prisonnier, sous Charles V.

10 Rosebecq (*Pays-Bas*), **1382**, gagnée par Charles VI sur les Flamands commandés par Philippe d'Arteveld.

11 Granson et Morat (*Suisse*), **1476**, gagnées par les Suisses sur Charles-le-Téméraire, duc de Bourgogne, sous Louis XI.

12 Fornoue (*Italie*), **1495**, gagnée par Charles VIII sur l'armée des Confédérés italiens.

13 Cérignole (*Italie*), **1503**, gagnée par Gonzalve de Cordoue, général des Espagnols, sur les Français commandés par le duc de Nemours, sous Louis XII.

14 Agnadel (*Italie*), **1509**, gagnée par Louis XII sur les Vénitiens.

15 Ravenne (*Italie*), **1512**, gagnée par Gaston de Foix, duc de Nemours, qui y périt, sur les Espagnols et les troupes du pape Jules II, sous Louis XII.

16 Marignan (*Italie*), **1515**, gagnée par François Ier sur les Suisses et le duc de Milan.

17 Pavie (*Italie*), **1525**, gagnée par les Impériaux, que commandait Charles-Quint, sur François Ier, qui y fut fait prisonnier.

18 **(XVIIe siècle. — Guerre de Trente-Ans.)**

19 Fribourg (*Allemagne*), **1644**, gagnée par Condé et Turenne sur Merci, général des troupes de l'Empereur, sous Louis XIV.

20 Nordlingen (*Allemagne*), **1645**, gagnée par Condé et Turenne sur Merci qui y fut tué, sous Louis XIV.

21 Senef (*Pays-Bas*), **1674**, restée indécise entre Condé et le prince d'Orange, sous Louis XIV.

22 Fleurus (*Pays-Bas*), **1690**, gagnée par le maréchal de Luxembourg sur le prince de Waldeck, sous Louis XIV.

23 Staffarde (*Italie*), **1690**, gagnée par Catinat sur le duc de Savoie, sous Louis XIV.

24 **(XVIIIe siècle. — Guerres de Louis XIV, Louis XV et Louis XVI.)**

25 Hochstedt (*Allemagne*), **1703**, gagnée par Villars et l'Électeur de Bavière sur les Impériaux, sous Louis XIV.

26 Blenheim (*Allemagne*), **1704**, gagnée par Malrborough et le prince Eugène sur Tallard et Marsin, maréchaux de France, sous Louis XIV.

27 Cassano (*Italie*), **1705**, gagnée par le duc de Vendôme sur le prince Eugène, sous Louis XIV.

28 Ramillies (*Pays-Bas*), **1706** gagnée par Malrborough sur Villeroi, sous Louis XIV.

29 Almanza (*Espagne*), **1707**, gagnée par le maréchal de Berwick sur l'archiduc Charles, sous Louis XIV.

30 Villaviciosa (*Espagne*), **1710**, gagnée par le duc de Vendôme sur Staremberg, général de l'empereur Léopold, sous Louis XIV,

31 Prague (*Bohême*), **1742**. gagnée par le prince Charles de Lorraine sur les Français commandés par Chevert, sous Louis XV.

32 Fontenoy (*Pays-Bas*), **1745**, gagnée par le maréchal de Saxe. général de l'armée française, sur les Anglais, les Autrichiens et les Hollandais commandés par le duc de Cumberland, sous Louis XV.

33 Lawfeld (*Pays-Bas*), **1747**, gagnée par le maréchal de Saxe sur les Anglais commandés par le duc de Cumberland, sous Louis XV.

34 **(XIXe siècle. — Guerres de la République et de l'Empire.)**

35 Jemmapes (*Belgique*), **1792**, gagnée par les Français sur les Autrichiens, sous la Première République.

36 Les Pyramides (*Égypte*), **1798**, gagnée par le général Bonaparte sur les Mameloucks, sous la Première République.

37 Marengo (*Italie*), **1800**, gagnée par le consul Bonaparte sur les Autrichiens, sous la Première République.

38 Austerlitz (*Autriche*), **1805**, gagnée par Napoléon Ier sur François II, empereur d'Autriche, et Alexandre Ier, empereur de Russie.

39 Trafalgar (*Espagne*), **1805**, gagnée par Nelson, amiral anglais, sur la flotte franco-espagnole, sous Napoléon Ier.

40 Iéna (*Allemagne*), **1806**, gagnée par Napoléon Ier sur les Prussiens.

41 Eylau (*Prusse*), **1807**, gagnée par Napoléon Ier sur les Russes et les Prussiens.

42 Essling et Wagram (*Autriche*), **1809**, gagnées par Napoléon Ier sur les Autrichiens.

43 La Moskowa (*Russie*), **1812**, gagnée par Napoléon Ier sur les Russes.

44 Leipzig (*Saxe*), **1813**, gagnée par les armées coalisées sur les Français, sous Napoléon Ier.

45 Waterloo (*Belgique*), **1815**, gagnée par les Alliés, commandés par Wellington et Blücher, sur les Français, sous Napoléon Ier.

46 Trocadéro (Prise du) (Cadix, *Espagne*), **1823**, par les Français sur les Cortès, sous Louis XVIII.

47 Navarin (*Grèce*), **1827**, gagnée par les flottes de France, d'Angleterre et de Russie sur la flotte turco-égyptienne, sous Charles X.

48 Alger (Prise d') (*Afrique*), **1830**, par le lieutenant-général Bourmont sur les troupes du Dey, sous Charles X.

49 Constantine (Prise de) (*Algérie*), **1837**, par le général Vallée sur le bey Hadji-Ahmed, sous Louis-Philippe Ier.

50 Isly (*Maroc*), **1844**, gagnée par le maréchal Bugeaud sur les Marocains, sous Louis-Philippe Ier.

51 L'Alma (*Crimée*), **1854**, gagnée par le maréchal Saint-Arnaud et lord Raglan sur les Russes, sous Napoléon III.

52 Sébastopol (Prise de) (*Crimée*), **1855**, par le maréchal Pélissier sur les Russes, sous Napoléon III.

53 Magenta et Solferino (*Lombardie*), **1859**, gagnées par Napoléon III et Victor-Emmanuel II sur les Autrichiens.

54 Principaux Traités de l'histoire de France.

55 Brétigny (Orléanais, *Eure-et-Loir*), **1360**, entre Jean II le Bon et Édouard III, roi d'Angleterre. Le roi Jean recouvra la liberté: la France renonça à la Guyenne, au Poitou, à la Saintonge et au Limousin; et recouvra la Normandie, le Maine, la Touraine et l'Anjou.

56 Troyes (Champagne (*Aube*), **1420**, entre Isabeau de Bavière, femme de Charles VI, Philippe-le-Bon, duc de Bourgogne; et Henri V, roi d'Angleterre. Henri V devait épouser Catherine, fille de Charles VI, et devenir roi de France après la mort de son beau-père.

57 Fribourg (*Suisse*), 1505, entre Louis XII et les Suisses. Ce traité fut appelé Paix Perpétuelle.

58 Madrid (*Espagne*), **1526**, entre François Ier et Charles-Quint. François Ier recouvra la liberté au prix de concessions pénibles; mais le traité ne fut pas entièrement exécuté.

59 Cateau-Cambrésis (Flandre, *Nord*), **1559**, entre Henri II, roi de France, et Philippe II, roi d'Espagne.

60 Édit de Nantes (Bretagne, *Loire-Inférieure*), **1598**, entre Henri IV et les Protestants auxquels il accorda l'exercice de leur culte et des villes de sûreté; cet édit mit fin aux guerres de religion.

61 Westphalie (*Allemagne*), **1648**, entre Louis XIV et l'empereur Ferdinand III. Ce traité termina la guerre de Trente-Ans et devint le code de la constitution germanique.

62 Pyrénées (*sur la Bidassoa, France et Espagne*), **1659**, entre Mazarin, ministre de Louis XIV, et don Louis de Haro, ministre de Philippe IV, roi d'Espagne. On y conclut le mariage de Louis XIV avec Marie-Thérèse d'Espagne, ce qui valut à la France, le Roussillon, l'Alsace, et une partie de l'Artois et de la Flandre.

63 Nimègue (*Hollande*), **1679**, entre Louis XIV, l'Espagne, l'Empire et la Suède. Louis XIV sembla y dicter des lois à l'Europe.

64 Ryswick (*Hollande*), **1697**, entre Louis XIV d'une part, et l'Espagne, la Hollande, l'Allemagne et l'Angleterre d'autre part. Ce traité rendit la paix à l'Europe, qui était en guerre depuis neuf ans.

65 Utrecht (*Hollande*) **1713**, entre Louis XIV, l'Espagne, la Hollande et l'Angleterre. Ce traité termina la guerre de la Succession d'Espagne.

66 Aix-la-Chapelle (*Allemagne*), **1748**, entre la France, l'Angleterre et la Hollande, sous Louis XV. La succession d'Autriche fut assurée à Marie-Thérèse.

67 Paris (Ile-de-France, *Seine*), **1763**, entre la France et l'Angleterre, sous Louis XV. Ce traité mit fin à la guerre de Sept-Ans, et fit perdre à la France le Sénégal et le Canada.

68 Versailles (Ile-de-France, *Seine-et-Oise*), **1784**, entre la France, l'Espagne, la Hollande et l'Angleterre, sous Louis XVI. L'indépendance des États-Unis d'Amérique fut assurée, et les Français recouvrèrent ce qu'ils avaient perdu par le traité de Paris (1763).

69 Campo-Formio (*Vénétie*), 1797, entre le général Bonaparte et l'Autriche, sous le Directoire. Il garantit à la France la Belgique, la ligne du Rhin et les îles Ioniennes.

70 Lunéville (Lorraine, *Meurthe*), **1801**, entre le consul Bonaparte et l'Autriche. Confirmation du traité de Campo-Formio.

71 Amiens (Picardie, *Somme*), **1802**, entre la France, l'Angleterre, l'Espagne et la Hollande, sous le Consulat. L'Angleterre restitua ses conquêtes dans les Colonies, et la France conserva les siennes.

72 Presbourg (*Hongrie*), **1805**, entre Napoléon Ier et François II, empereur d'Autriche. Venise fut abandonnée à la France.

73 Tilsit (*Prusse*), **1807**, entre la France d'une part, la Russie et la Prusse de l'autre. Napoléon Ier obtint quelques provinces prussiennes et polonaises; Alexandre Ier reconnut Joseph Bonaparte comme roi de Naples, Louis, comme roi de Hollande, et l'existence de la Confédération du Rhin.

74 Paris (Ile-de-France, *Seine*), **1814**, entre Louis XVIII et les Alliés. Ce traité fit rentrer dans ses anciennes limites la France, qui obtint cependant plusieurs concessions avantageuses.

75 Paris ou Sainte-Alliance, **1815**, entre les empereurs d'Autriche et de Russie et le roi de Prusse, sous Louis XVIII. La France rentra dans ses anciennes limites sans compensation.

76 Paris, **1856**, entre les principales puissances de l'Europe, sous Napoléon III. Il admit l'Empire Ottoman dans le concert européen, supprima les arsenaux de la Russie dans la mer Noire qui fut neutralisée, et assura aux Provinces danubiennes une administration indépendante.

77 Villafranca (*Vénétie*), **1859**, entre Napoléon III et François II, empereur d'Autriche.

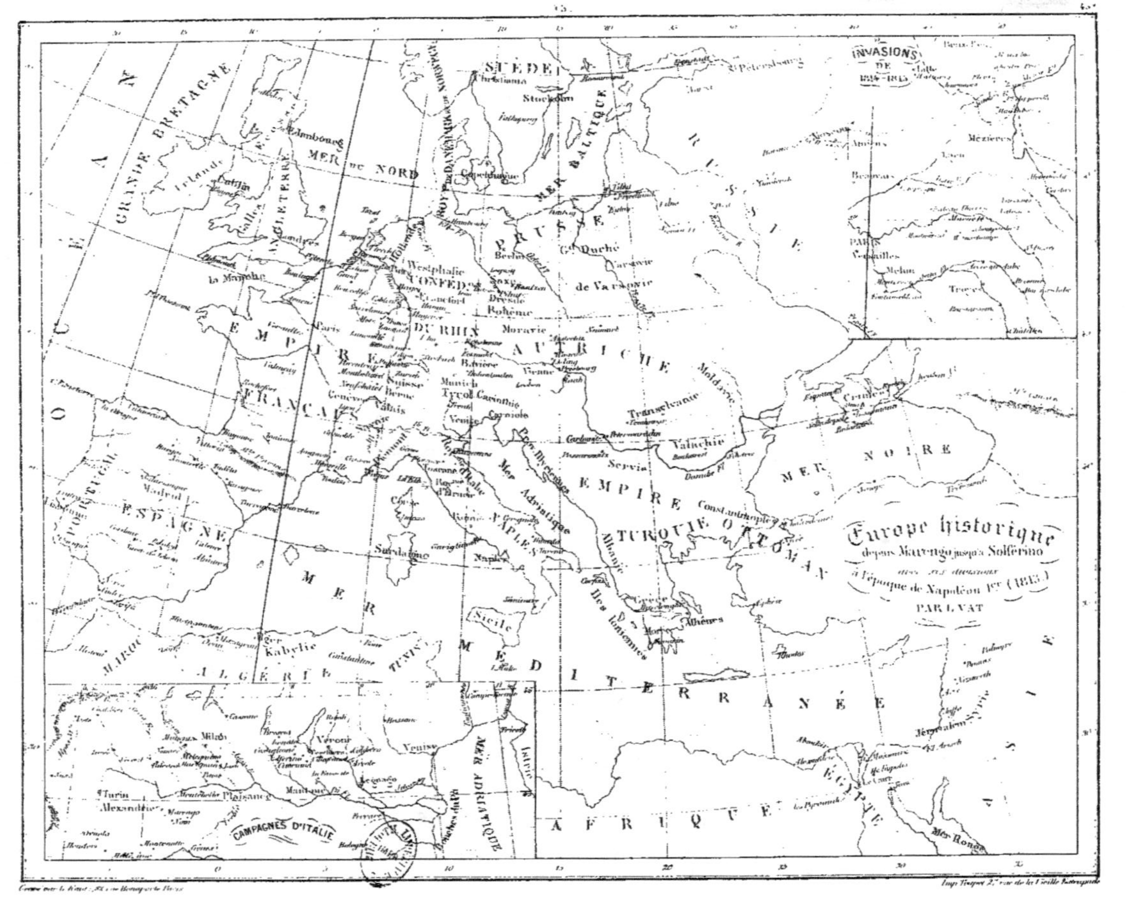
Europe historique
depuis Marengo jusqu'à Solférino
à l'époque de Napoléon Ier (1813)
PAR LVAT
INVASIONS
DE
1814-1815
CAMPAGNES D'ITALIE
MER DU NORD
MER BALTIQUE
MER NOIRE
MER ADRIATIQUE
MER MÉDITERRANÉE
EMPIRE FRANÇAIS
ESPAGNE
PORTUGAL
GRANDE BRETAGNE
ANGLETERRE
Irlande
SUÈDE
RUSSIE
PRUSSE
AUTRICHE
CONFÉDÉRATION DU RHIN
EMPIRE OTTOMAN
TURQUIE
ALGÉRIE
TUNIS
MAROC
AFRIQUE
ÉGYPTE
Mer Rouge
Sicile
Sardaigne
Corse
Iles Ioniennes
Paris
Londres
Madrid
Berlin
Vienne
Munich
Stockholm
Christiania
Copenhague
Constantinople
Athènes
Naples
Venise
Milan
Turin
Alexandrie
Mantoue
Vérone
Plaisance
Marengo
Westphalie
Saxe
Dresde
Bohème
Moravie
Bavière
Suisse
Berne
Genève
Valais
Tyrol
Carinthie
Carniole
Transylvanie
Moldavie
Valachie
Servie
Albanie
Grèce
Crimée
Kabylie
Istrie
Varsovie
Gd Duché de Varsovie
Mézières
Versailles
Melun
Troyes
St Pétersbourg

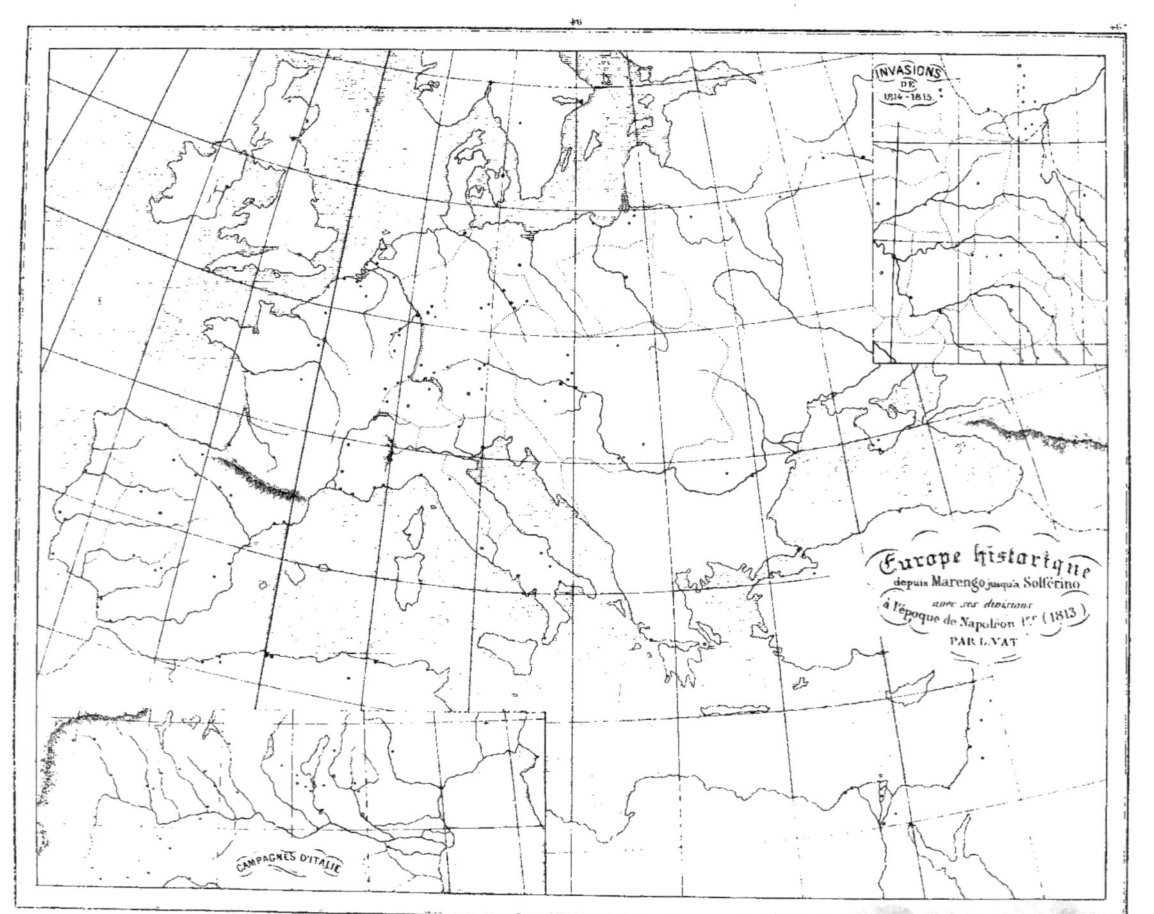
INVASIONS
DE
1814-1815
Europe historique
depuis Marengo jusqu'à Solférino
avec ses divisions
à l'époque de Napoléon Ier (1813)
PAR L. VAT
CAMPAGNES D'ITALIE

GÉOGRAPHIE HISTORIQUE DES HÉBREUX

Successions des grands empires du monde et leur rapport avec le peuple de Dieu

1 PREMIER EMPIRE D'ASSYRIE (1).

Le plus ancien de tous les grands empires est celui d'Assyrie. **Assur** (*Heureux*), second fils de Sem, fut chassé par Nemrod des *plaines de Sennaar*, s'établit à l'E. du *Tigre*, y fonda le royaume d'**Assyrie** et bâtit *Ninive* (2223), qui fut agrandie par **Ninus** (1966), fils de Bélus, adoré plus tard sous le nom de Bel. Le voluptueux **Sardanapale** fut le dernier prince de cet empire dont les ruines formèrent 3 nouveaux royaumes : celui des Mèdes fondé par **Arbacès**, le deuxième empire des Assyriens, et le premier des Babyloniens fondé par **Belésis** ou **Nabonassar** (759).

2 DEUXIÈME EMPIRE D'ASSYRIE.

Le fondateur du deuxième empire d'Assyrie (742) s'appelait **Téglatphalasar**; ce prince s'allia avec Achaz, roi de *Juda*, contre Rasin, roi de *Damas*, et Phacée, roi d'*Israël;* il conquit la *Syrie* et la partie septentrionale de la *Palestine* ou *pays des Philistins*. Téglalphalasar eut pour successeur **Salmanasar** qui prit *Samarie* (721), renversa le *roy. d'Israël* et en emmena les habitants sur les bords du *Tigre;* son fils **Sennachérib** lui succéda. Ce dernier assiégea vainement dans *Jérusalem*, le pieux Ézéchias, roi de *Juda*, et de retour dans ses États il exerça sa vengeance sur Tobie qui y était captif. **Assar-Haddon**, son successeur, reconquit *Babylone* (680) qu'il réunit de nouveau au roy. d'*Assyrie*, fit la guerre à Manassé, roi de *Juda*, et remplaça, par des tribus asiatiques, ce qui restait encore des tribus d'Israël : de là l'origine de la religion des Samaritains.

3 EMPIRE DE BABYLONE.

Nabonassar eut pour fils ou petit-fils **Mérodach-Baladan** (720), qui eut des relations amicales avec Ézéchias roi de *Juda*. **Nabuchodonosor** Ier, un de ses successeurs, (655), envoya Holopherne en *Judée;* ce général périt de la main de Judith sous les murs de *Béthulie*. **Nabuchodonosor** II fit la guerre à Néchao, roi d'*Égypte*, prit à son retour *Jérusalem*, emmena Joachim en captivité, puis lui rendit le trône. Rappelé par les révoltes des Juifs, il ruina la ville et le temple, réduisit en esclavage toute la population (606), et fit crever les yeux au dernier roi Sédécias. Son orgueil le fit tomber en démence et il mourut en 562, laissant pour successeur au trône, son fils **Évilmérodach**, qui rendit une seconde fois la liberté à Joachim. Plus tard il jeta Daniel dans la fosse aux lions pour avoir fait mourir un dragon que les Babyloniens adoraient.

4 ROYAUME DES PERSES.

Sous l'impie **Balthasar**, fils d'Évilmérodach, Cyrus, roi de Perse, vint, en 538, assiéger *Babylone* et s'en empara. Deux ans après il permit aux Hébreux encore captifs de retourner dans leur pays, qui prit dès lors le nom de *Judée*. Le temple se releva de ses ruines, et le nouvel État, divisé en 4 provinces principales, forma une espèce de république théocratique à la tête de laquelle était un grand prêtre assisté du *Sanhédrin* ou conseil de 72 vieillards. Tous les Juifs cependant n'avaient pas profité de leur liberté, et Esther, nièce de Mardochée, épousa, dans *Suse*, le roi **Assuérus**. Suse était alors la résidence d'hiver des rois de Perse.

5 EMPIRE DES GRECS OU D'ALEXANDRE.

La paix dont jouirent les Juifs sous la domination des Perses ne fut troublée désormais que par l'invasion d'**Alexandre-le-Grand**, devant lequel **toute la terre se tut**. Après la bataille d'*Issus* (333), la reddition de *Sidon* et le siége de *Tyr*, *Jérusalem* se soumit à ce conquérant (332). Sous **Ptolémée**, l'un de ses successeurs, la Judée passa au pouvoir de l'*Égypte*, puis à celui des rois de *Syrie*, sous **Séleucus Nicator** (300). Les persécutions exercées par **Séleucus Philopator** amenèrent la glorieuse résistance des **Machabées** (169), qui, en récompense de leurs services, obtinrent le privilége de perpétuer dans leur famille le souverain pouvoir qu'ils exercèrent d'abord sous le titre de **Grands-Pontifes** jusqu'à l'avénement d'**Aristobule** Ier, qui prit le titre de roi (107).

6 EMPIRE ROMAIN.

Plusieurs princes de la même famille avaient déjà succédé à Aristobule, quand les Romains, profitant de la rivalité d'**Hyrcan** II et d'**Aristobule** II, intervinrent violemment dans les affaires du pays, et plus tard détrônèrent **Antigone**. En 37, un roi étranger, **Hérode l'Iduméen**, ou **le Grand**, fut imposé aux Juifs par la politique romaine. Sous ce prince, qui, à la naissance du **Sauveur**, fit massacrer les Innocents, le royaume fut divisé en 4 *tétrarchies*, sous les noms de : *Iturée*, *Galilée*, *Batanée* et *Judée*. Ce fut sous le règne de son fils ou petit-fils, **Hérode Antipas**, que le monde fut racheté par la mort glorieuse de N.-S. J.-C,

7 Les Romains, par l'envoi de gouverneurs étrangers, parmi lesquels on distingue **Ponce-Pilate**, excitèrent plusieurs soulèvements, et ce fut pour punir l'une de ces révoltes, 65 ans après J.-C, que **Vespasien** envahit la Judée, et commença contre *Jérusalem* le siége fameux qu'il laissa ensuite à son fils **Titus** le soin de continuer. Cette ville, coupable de la mort de son Dieu, fut prise d'assaut en 70. Le temple devint la proie des flammes, 400,000 âmes tombèrent sous le fer des vainqueurs et le reste des habitants fut vendu comme esclaves. Dès lors se termine l'histoire de la nationalité du peuple juif qui n'eut plus désormais ni gouvernement ni patrie.

(1) Ce précis historique est, bien entendu, conforme au récit des Saintes Écritures.

GÉOGRAPHIE PARTICULIÈRE DES HÉBREUX

8 Le *Paradis terrestre*, en hébreu *Eden* (*délices*) 4138, est généralement placé entre le *Phase*, affluent du *Pont-Euxin*, l'*Oxus* qui se jette au S.-E. de la *mer Caspienne*, et l'*Euphrate* et le *Tigre*, tous deux tributaires du *golfe Persique*.

9 Noé habitait le pays nommé depuis *plaines de Sennaar* lorsqu'il construisit l'arche qui le sauva du déluge. Les eaux tombèrent 40 jours et 40 nuits (2482); et, le 27e jour du 7e mois, l'arche s'arrêta sur le *mont Ararat* en *Arménie*. Ses 3 fils se dispersèrent pour peupler la terre : la postérité de Japhet peupla l'*Europe*, celle de Sem peupla l'*Asie*, et celle de Cham, l'*Afrique*.

10 *La tour de Babel*, où Dieu confondit le langage des hommes assez aveugles et assez audacieux pour chercher à éviter un nouveau châtiment du ciel, fut construite sur l'emplacement occupé depuis par la ville de *Babylone*.

11 Les *Chaldéens*, d'après Diodore, furent du nombre des plus anciens habitants de la *Babylonie*. Abraham habitait la ville d'*Ur* lorsque Dieu lui ordonna de quitter ce pays (1926) et d'aller dans celui qu'il lui montrerait. Abraham passa d'abord à *Haran*, ville de *Mésopotamie*, puis dans la *terre de Chanaan*. pour y demeurer avec sa famille. Une famine l'obligea ensuite de passer en *Égypte* d'où il revint avec Loth son neveu, tous deux fort riches en serviteurs et en troupeaux; leur séparation devint par là nécessaire.

12 Abraham occupa la *vallée de Mambré* et Loth le pays du *Jourdain* où il choisit *Sodome* qui fut bientôt détruite avec *Gomorrhe* et *Ségor* à cause des crimes de leurs habitants. Jusqu'au temps de Jacob, les descendants d'Abraham n'habitèrent encore la *terre de Chanaan* que sous des tentes, comme des étrangers, et l'élévation de Joseph en *Égypte* fit passer Jacob et ses fils dans la *terre de Gessen*, d'où ils sortirent sous la conduite de Moïse en 1625.

13 Après le passage miraculeux de la *mer Rouge*, les Hébreux traversèrent un vaste *désert* où leurs stations les plus remarquables pendant 40 ans furent à *Mara*, dont ils ne purent boire les eaux à cause de leur amertume; au *désert de Sin*, où ils commencèrent à être nourris de la manne qui ne leur manqua jamais jusqu'à leur entrée dans la Terre promise. Au *mont Horeb*, Dieu fit sortir l'eau en abondance pour désaltérer son peuple; sur le *mont Sinaï*, Moïse reçut de la main de Dieu les 10 commandements. Les *Amalécites* furent ensuite défaits par les prières de Moïse. Bientôt les murmures du peuple irritent le Seigneur qui leur envoie des cailles au *Sépulcre de la concupiscence*. Sur la *montagne de Hor*, mourut Aaron, frère de Moïse. Le divin législateur put encore présider aux victoires sur Séhon, roi des *Amorrhéens*, Og, roi de *Basan* et Balac, roi des *Ammonites*. Enfin après avoir donné l'est du *Jourdain* à la *demi-tribu de Manassé* et aux *tribus de Gad* et *de Ruben*, qui étaient riches en troupeaux, *Moïse* mourut sur le *mont Nébo* en vue de la *Terre promise*.

14 Josué, son successeur (1585), eut la gloire de faire entrer les Israélites dans la *Terre promise*. Favorisé de Dieu, il passe le *Jourdain* à pied sec avec toute son armée, et fait tomber, au son des trompettes, les murs de *Jéricho*. Attaqué par Adonisédech et 4 autres rois *chananéens*; il les mit en déroute près de *Gabaon*. Il employa 6 ans à conquérir en entier le *pays de Chanaan*, puis il fit à *Silo* le partage des terres. A l'O. du Jourdain furent établies les tribus d'*Aser*, de *Nephtali*, de *Zabulon*, d'*Issachar*, l'autre *demi-tribu de Manassé*, celles d'*Ephraïm*, de *Dan*, de *Siméon*, de *Benjamin* et de *Juda*. La famille de Joseph eut l'avantage de former 2 tribus par les descendants de ses 2 fils, *Manassé* et *Ephraïm*, et la famille de Lévi posséda 48 villes dites *lévitiques*, dispersées dans tout Israël.

15 Les Israélites tombés dans la mollesse furent souvent abandonnés de Dieu qui les livra successivement aux mains de Chusan, roi de *Mésopotamie*, d'Eglon, roi des *Moabites*, de Jabin, ancien roi de *Chanaan*, des *Madianites*, qui furent soumis par Gédéon, des *Ammonites*, que vainquit Jephté, et des *Philistins* domptés par Samson. Sous les glorieux règnes de David et de Salomon (1056-976), les limites du royaume furent reculées depuis l'*Euphrate* au N.-E. jusqu'à la frontière de l'*Égypte* au S.-O.

16 Voici dans l'ordre géographique les lieux les plus célèbres de chaque tribu :

Aser : *Gabara*.
Nephtali : Dan, *Génésareth*, *Capharnaüm*.
Zabulon : *Béthulie*, *Tibériade*, *Cana*, *Nazareth*, *Naïm*.
Issachar : *Endor*, Jesraël.
Manassé Occidental : *Thèbes*, Samarie, *cap. du roy. d'Israël*.
Ephraïm : *Sichem*, *Silo*.

17 Dan : *Joppé*, *Maspha*, *Geth*, *Emmaüs*.
Siméon : *Bethsamès*, *Morasti*, *Lachis*, *Sicéleg*, *Gérare*, *Bersabée*.
Benjamin : *Haï*, Béthel, Jéricho, *Galgala*, *Anathoth*, *Engaddi*: *le Calvaire*, Jérusalem, *cap. du roy. de Juda*, et les *Oliviers*.
Juda : *Bethléem*, *Hébron*.
Manassé Oriental : *Jabès-Galaad*.
Gad : *Béthanie*, Maspha, Ramoth-Galaad, la forêt d'Éphraïm.
Ruben : *Cariathiarim*.

18 **Mers.** — La mer Noire et la mer Caspienne, que les Hébreux croyaient réunies, portaient chez eux le nom de *mer Ténébreuse;* la mer Méditerranée était pour eux la *Grande Mer*; et ils donnaient le nom de *mer des Joncs* à la mer Rouge.

19 **Fleuves.** — Outre les quatre déjà cités, et au milieu desquels était le Paradis terrestre, on trouve dans la terre sainte : le *torrent de Cison* et le *torrent de Bésor*, tributaires de la Grande Mer; le *Jourdain* qui reçoit à sa droite le *torrent de Garith* et se jette dans la mer Morte; le *torrent de Cédron* qui se jette aussi dans la même mer.

20 **Lacs.** — Au N. le *lac de Tibériade* et au S. le *lac Asphaltite* ou *mer Morte*.

21 **Montagnes.** — Le mont *Liban*, l'*Anti-Liban*, le mont *Thabor*, le mont *Gelboë*, le mont *Carmel*, les monts de *Galaad*, les monts de *Garizim* et le mont *Nébo*.

FIN DE LA PREMIÈRE PARTIE.

4922 PARIS. — IMPRIMERIE ÉDOUARD BLOT, RUE SAINT-LOUIS, 46.

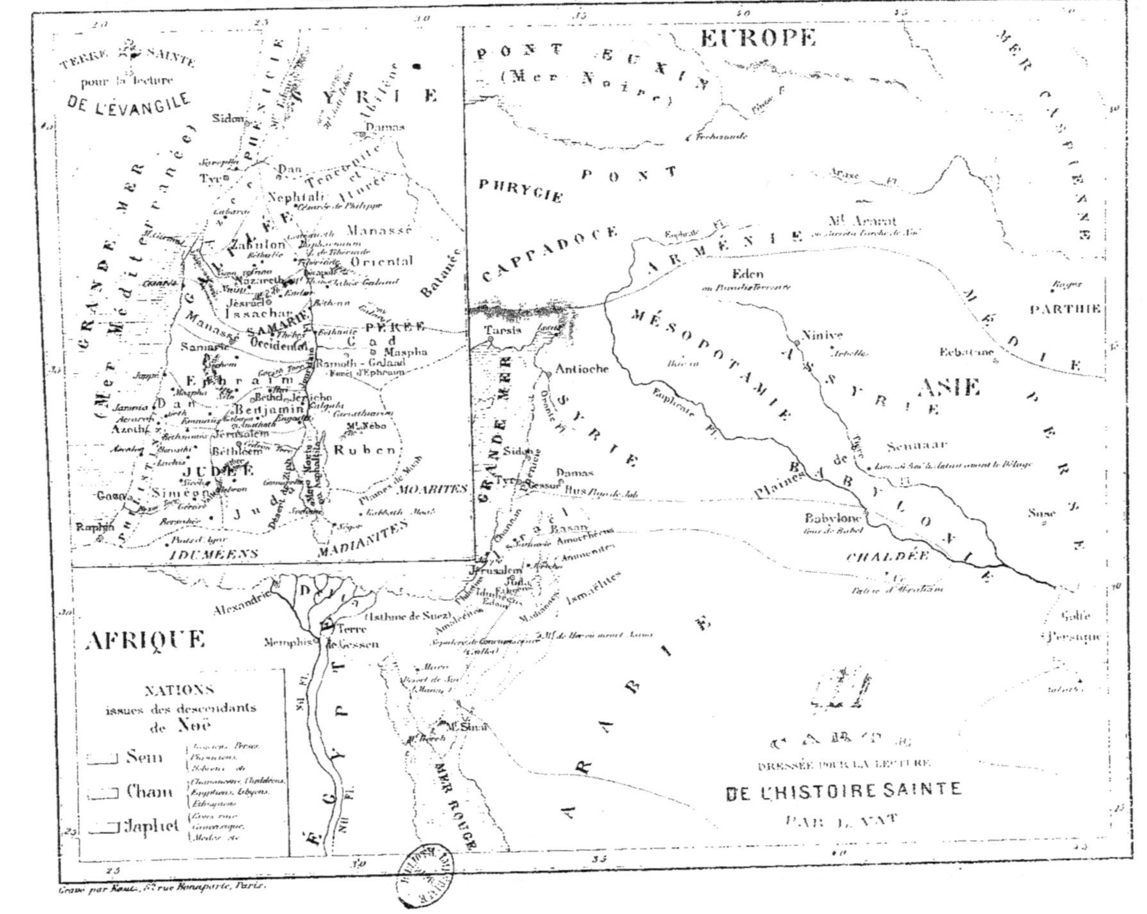

Gravé par Kautz, 83 rue Bonaparte, Paris.

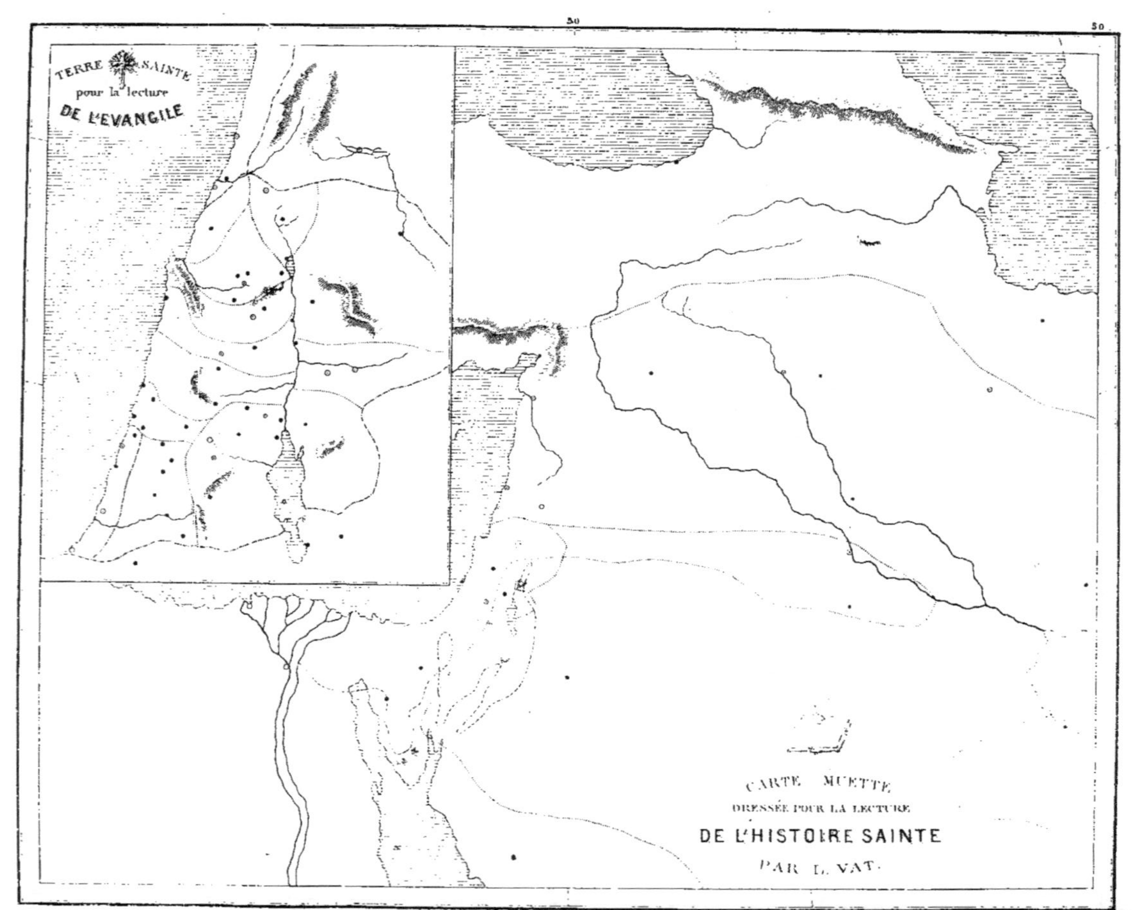
TERRE SAINTE
pour la lecture
DE L'EVANGILE
CARTE MUETTE
DRESSÉE POUR LA LECTURE
DE L'HISTOIRE SAINTE
PAR L. VAT.
30
30

DU MÊME AUTEUR

ATLAS DES COMMENÇANTS

RENFERMANT 21 CARTES A TEINTES PLATES AVEC TEXTE EN REGARD, A L'USAGE DES CLASSES LES PLUS ÉLÉMENTAIRES, SERVANT D'INTRODUCTION A CET ATLAS CLASSIQUE

Prix : 1 fr. 10 cent.

NOTA. Moyennant une augmentation de 25 centimes on ajoute une carte renfermant un département, au choix, réuni à deux autres départements limitrophes avec sa carte muette au verso.

DEUXIÈME PARTIE.

NOUVEL ATLAS CLASSIQUE

PHYSIQUE, POLITIQUE ET COMMERCIAL,

Renfermant vingt-six cartes et trente-deux pages de texte :

1° La Mappemonde avec le tracé des voyages des plus grands navigateurs. Sur la même feuille se trouvent des figures pour l'éclaircissement de la cosmographie........ 2 cartes.
2° L'Europe politique et commerciale........ 2 —
3° L'Europe physique par versants........ 2 —
4° Les Iles britanniques ou Royaume-Uni, la Monarchie Scandinave et le Danemark........ 2 —
5° La Russie d'Europe, la Hollande et la Belgique........ 2 —
6° La Confédération Germanique, la Prusse et l'Autriche... 2 —
7° La France politique et commerciale........ 2 cartes.
8° La France physique, par bassins........ 2 —
9° Toutes les Colonies françaises........ 2 —
10° La Suisse, avec toute l'Italie septentrionale, pour servir à la lecture de nos récentes campagnes........ 2 —
11° L'Espagne, le Portugal et l'Algérie........ 2 —
12° L'Italie moderne et la Turquie........ 2 —
13° La Palestine, pour la lecture de l'Evangile, et une carte générale pour la lecture de l'Histoire Sainte........ 2 —

NOTA. Moyennant une augmentation de 25 centimes on ajoute une carte de département se tenant avec deux départements limitrophes, la carte muette et le texte en regard.

TROISIÈME PARTIE.

CONTENANT TOUTES LES CARTES NÉCESSAIRES A LA LECTURE DE L'HISTOIRE ANCIENNE ET DE L'HISTOIRE DU MOYEN AGE.

ATLAS

RÉUNISSANT TOUS LES DÉPARTEMENTS,

AVEC TEXTE EN REGARD ET UN PLAN DE PARIS

Prix : 4 francs.

SIMPLE TRACÉ DES CARTES

Composant l'ATLAS VAT

SUR LA MÊME ÉCHELLE ET SUR FEUILLE DEMI-GRAND-RAISIN

Ces cartes servent aux exercices de dessin, de géographie et de mémoire Elles ne laissent aucune trace de la gravure, et se vendent indistinctement . . . . le cent, 6 fr.

PETIT COURS DE GÉOGRAPHIE

A L'USAGE DES CLASSES ÉLÉMENTAIRES

POUVANT S'APPLIQUER A TOUS LES ATLAS CLASSIQUES ET NOTAMMENT A CE

NOUVEL ATLAS CLASSIQUE

Un volume. — Prix : 60 centimes.

L'HISTOIRE SAINTE ABRÉGÉE

Par M. l'Abbé LARTIGUE

Chanoine honoraire

Un tableau chronométrique et synoptique résumant les principales époques, et des dessins représentant les principaux faits, donnent une valeur toute particulière à cet ouvrage, en ce que l'élève trouve constamment devant lui la récapitulation générale de toutes les leçons apprises.

L'HISTOIRE DE FRANCE ABRÉGÉE

Par M. l'Abbé AUTIÉ

Chanoine honoraire, Chef d'institution

Renfermant un tableau chronométrique et synoptique où l'HISTOIRE DE FRANCE est représentée par siècle et par race, avec la durée de chaque règne, et les principaux événements et le portrait de chaque souverain.

Approbation du NOUVEL ATLAS CLASSIQUE par la Société des Instituteurs et des Institutrices du département de la Seine

« Vu, dit le rapport, les avantages que peut procurer cet ATLAS, surtout à la jeune génération, la Commission prie instamment la Société d'accorder son autorisation. »

En conséquence, et conformément à ces conclusions, la Société des Instituteurs et des Institutrices de la Seine a, dans sa séance du 8 juillet dernier, approuvé le NOUVEL ATLAS CLASSIQUE de M. VAT, comme un ouvrage excellent; et, considérant que cet ATLAS peut rendre d'importants services pour l'enseignement de la Géographie et de l'Histoire dans les écoles primaires, la Société le recommande spécialement à tous les Instituteurs, sociétaires ou non sociétaires.

Paris, le 16 août 1860.

Méthode de Lecture BAHIC; — **Méthode générale d'Écriture** GEDALGE JEUNE; — **Méthode pratique de Calcul** TONNEAU

Cahiers d'Exercices de Grammaire et d'Analyse SAINT-GERMAIN

PARIS. — IMPRIMERIE ÉDOUARD BLOT, RUE SAINT-LOUIS, 46.

www.ingramcontent.com/pod-product-compliance
Lightning Source LLC
LaVergne TN
LVHW010054230826
846091LV00005B/1936

* 9 7 8 2 0 1 3 0 9 3 9 2 7 *